세상의 모든 리더(leader)는 리더(reader)다

인간과문학회 제9호 동인지

세상의 모든 리더(leader)는 리더(reader)다

인간과문학사

| 여는 말

세상의 모든 리더(leader)는 리더(reader)다

유 광 종
인간과문학회 회장

존경하는 인간과문학회 문우 여러분,

　지난 시간 동안 여러분과 함께 문학의 깊이를 탐구할 수 있었던 것은 저에게 큰 영광이었습니다. 매 순간, 여러분의 즐거운 고생으로 더욱 풍요로운 문학 세계를 만들어 낼 수 있었습니다. 또한, 우리 인간과문학회가 의미도 있고 재미도 있는 조직으로 성장할 수 있었음에 깊이 감사드립니다.
　2024년 10월 10일 우리나라의 한강 작가께서 노벨문학상을 수상하셨다는 기쁜 소식이 들려왔습니다. 이는 우리 K- 문학의 가능성과 가치가 전 세계적으로 인정받은 뜻깊은 사건입니다. 한강 작가의 수상은 우리 모두에게 큰 영감이 되었으며, 문학의 힘이 얼마나 위대하고 깊은지 다시금 깨닫게 해 주었습니다.

이번 제9호 동인지를 통해, 우리는 다시 한번 문학의 아름다움과 그 속에 담긴 인간의 이야기를 함께 나누고자 합니다. 각자의 삶 속에서 느낀 감정과 생각들이 모여, 이 작은 책자 안에 담겼습니다. 이 여정은 단순히 글을 쓰는 것을 넘어, 우리 모두의 이야기를 공유하며 서로에게 공감과 위로를 주는 시간이었습니다.

한국 최고 부자로 등극한 카카오 창업자조차 "인터넷 검색은 독서를 대신할 수 없다"라고 단언했습니다. 세상의 모든 리더(leader)는 독서하는 리더(reader)입니다.

노벨문학상을 수상한 대한민국의 키워드가 '독서'가 되어야 하는 이유입니다.

여러분의 소중한 작품들이 미래의 리더(leader)를 길러내는 자양분이 될 것임을 확신하며, 이 동인지가 우리 모두에게 의미 있는 선물이 되기를 기원합니다. 앞으로도 변함없는 열정으로 함께 하기를 소망하며, 여러분의 지속적인 관심과 참여를 부탁드립니다.

인간과문학회를 위해 헌신하신 홍의선 부회장님, 이영애 사무총장님, 각 분과위원장님, 그리고 인간과문학회 문우 여러분 다시 한번 감사드립니다.

목차

여는 말

유광종 | 세상의 모든 리더(leader)는 리더(reader)다 - 4

제1부 시·동시

시

김충경 | 농담 같은 말 외 1편 - 10
나금성 | 나의 아버지 외 1편 - 16
서순옥 | 갈치를 굽다가 외 2편 - 20
심현식 | 찻잔 외 2편 - 28
안춘화 | 민들레 외 1편 - 32
양희진 | 분꽃이 피는 시간 - 36
유광종 | 다 그래 외 2편 - 38
최길순 | 바람 부는 쪽으로 외 1편 - 42
홍의선 | 은인 외 1편 - 46
황희경 | 여백 외 1편 - 50

동시

이갑영 | 털레기 외 2편 - 54

제2부 수필

김길자 | 부부 외 1편 - 62
김사랑 | 새로운 탄생 외 1편 - 72
김세희 | 소인국 사람 - 80
김은옥 | 속수무책 - 86
김종혁 | 금융과 소설 - 90
나윤옥 | 또 만날 테지 - 96
문현주 | 선짓국 그리고 스무 살의 사랑 외 1편 - 102
박연희 | 안반데기 외 1편 - 112
박칠희 | 친구의 전화 외 1편 - 122
박효진 | 꽃바람 불던 날 외 1편 - 130
손준식 | 배낭을 메면서 외 1편 - 138
양희진 | 모든 짝사랑에게 - 146
이재홍 | 욕망 외 1편 - 150
이중섭 | 국민 체력 인증제 - 160
차지윤 | 거울 셀피 외 1편 - 168

제3부 단편소설

배효석 | 멍든 십자가 - 176
이화윤 | 쫓겨난 개구리 - 210

시

김충경

전남 강진 출생
2015 《인간과문학》 시 등단
시집 《타임캡슐》, 《마우스 패드 위에는 쥐가 살고 있다》
목포문인협회, 목포시문학회 회원, 인간과문학회 회원
kchg0188@hanmail.net

김충경
농담 같은 말 외 1편

   초저녁 시간 TV 화면에 '서울 시청역 교차로 대형 교통사고 발생, 9명 숨지고 4명 다쳐'라는 자막이 숨 가쁘게 흐르고 있다

   비둘기들이 지상으로 곤두박질치는 아비규환의 현장이 화면 밖으로 흘러넘치고 죽음의 경로에서 가까스로 벗어난 초점 잃은 얼굴들 화면 가득 클로즈업되고 있다

   역주행하는 차가 천둥 치는 소리와 함께 인도를 덮쳤단다 중력에서 이탈한 10여 명의 사람이 몽둥이처럼 세상 밖으로 굴러떨어졌단다 운전자는 70대 남자란다

   급발진 사고라고 주장하는 운전자의 말 위로 아니야 급발진 사고가 아니야 노령으로 인한 운전 미숙이야 아냐 음주 운전일 거야 아냐 졸음 운전했을 거야 아냐 마약을 했을 거야 같은 말들이 거품처럼 부글거린다

   정작 문명의 흉기가 된 몰골사나운 차량은 사고 현장을 멀뚱멀뚱 쳐다보고만 있을 뿐

다음 날 아침 뉴스를 보니 쓰러진 비명은 온데간데없고 핏빛 흥건한 발자국도 말끔히 지워진 자리에 출근을 서두르는 발걸음 소리만 들려오고 있다

저 헤아릴 수 없는 농담 같은 말들한데 쓸어 모아 느리게 흘러가는 슬픔 한 다발에 풀어내면 과거의 시간으로 되돌릴 수가 있을까

아내의 가슴

축 처지고 후줄근하다

세월의 결 따라 군데군데 해진
화장실에 걸린 아내의 브래지어
언제부터 허방의 가슴이 되었을까

한때는 빵빵하게 가슴을 내밀던
그녀의 상징이었는데
아내의 홀쭉한 가슴을 볼 때마다
아이들의 둥근 얼굴이 떠오른다

쭉쭉 빨 때마다
아이들의 꿈이 자라났지

한때는 밀로의 비너스상을 꿈꾸며
아내의 생일마다 잊지 않고 선물하던
비너스 90B 컵 브래지어
그 구애 행위가 언제쯤 마지막이었을까

내일은 꿈을 잃은 아내에게
쭉쭉 빵빵 희망의 날개를 선물해야겠다
"당신 미쳤소?"라고 응대할 그녀를 상상하며

시

나 금 성

《인간과문학》 시 등단
송파문학 한성백일장 운문 금상 수상(2014)
인간과문학회
현, 고려대학교 행정팀 근무
gs7rgood@hanmail.net

나금성
나의 아버지 외 1편

몇 년 동안 나의 버팀목은 가늘어졌다
여름 한가운데에서 일어난 진통
말랑이고 얇은 아기의 발바닥은 거칠어졌다
시간은 서둘러 지나간다
그는 온점으로 가는 오후 시간에서 잠시 서성인다
밖엔 가로등이 켜졌다
뾰족한 마음이 뭉뚝해져 가는 시간들이다
슴슴하다
좁은 골목 솜틀집에서 막 찾아온
두툼한 이불과 조용함이 어두워질 때
새벽을 여는 부엌의 분주함으로 시작되는 강제
하루의 울울창창함 숲속으로 걸어간다

작은 월요일

흑백으로 보내는 시간들 틈에서
10월부터인가 가을을 필사한다.
지난 주의 가식을 제곱하여 일어나는 아침은
어깨와 발에 무겁게 내려앉았다.
일요일의 여운 속에
두 번째 걸음을 이어간다.
하루는 길고,
오후 5시는 짧다.
다시 채워져 가는 순간
숨겨놓은 발자국을 찾아간다.
그것은 그저 반복되는 것,
혹은 내 길을 눌러가며 남기는 흔적들이다.
결국 돌아오는 기억은 마음속 옅은 불빛
아기의 발가락 같은 아담한 무해력이기를 바라

시

서 순 옥

2001 《수필과비평》 수필 등단,
2024 《인간과문학》 시 등단
수필집 《와 과》
수필과비평작가회이사, 서울경인지부지부장,
인간과문학회원, 부천수필회장역임
lucia1219@hanmail.net

서순옥
갈치를 굽다가 외 2편

어물전을 지나가는데
나무상자 얼음 위에 목포 먹갈치가
싱싱하게 대자로 누워있다
도톰하니 먹음직해 보였다

구워 먹을까 조려 먹을까
물오른 가을무 하나 사 들고
맛있게 먹을 생각에 걸음이 빨라졌다

집으로 와 갈치 봉지를 내려놓는데
작년에 돌아가신 엄마 생각에
갑자기 먹고 싶은 생각이 사라지고 말았다

병색이 짙어진 엄마가 우리 집에 오신 날
입맛 없다며 갈치구이가 먹고 싶다 하셔서
구이를 해드렸건만
몇 점 받아 드시다 밥상을 물리셨다

평생 갈치 가운데 토막 한번 못 드시고 가신
엄마 생각에
갈치 봉지를 냉동실에 넣었다

강남역 9번 출구에서

친구들을 만나러 강남역 9번 출구로 나오면
이쪽저쪽 높이 솟아오른 빌딩 숲이다

이름표를 단 건물들
거북이 목처럼 길게 빼고 올려다보면
현기증에 어지럽다
그 아래로 사람들이 바삐 지나간다

오십 보쯤 걸으면
약속 장소 아라타워 1층에 고봉삼계탕이 있고
파도를 닮은 검푸른 색 물결 같은 빌딩이
살짝 모습을 보여 준다

인간이 저렇게 만들 수 있을까
예술 작품이다

가까이 다가가 동서남북 어느 쪽에서 보아도
지하 8층에 24층 GT타워는

거대한 물결 모양을 하고 있다

나는 너무 작은 물고기 한 마리
강남역 9번 출구에서 주눅 들어
빌딩과 빌딩 사이에 숨었다

그때 그 맛

엊그제 늙으신 어머니와 통화하면서
서로 입맛이 없다고 하소연하다
사과도 먹기 싫어졌다고 했다

오메 니가 얼매나 사과를
좋아 했는디 그래야
나가 국광 한 궤짝을 팔라고
점방에 놔두고 저녁마다
니 방에다 한 알씩 어쩐 날은 두 알
나가 니만 맥였냐안
그라고 좋아혔는디 그래야
니가 다아 묵었니라
내 목적은 팔라고도 혔지만
니를 맥일라고 그랬제
나는야 니 목구멍으로 넘어가는
소리만 들어도 좋았당께

그때
추석 무렵에는 홍옥
긴 긴 겨울밤엔 국광이었다

시

심현식

《인간과문학》 등단
저서 《시간이 나를 데리고 가듯이》,
《그 찻집 로젠켈러》
수요시학당, 연지당
(사)한국서도협회 초대작가, 국전 심사위원,
혜원 문화재단 대표
shimhs19@gmail.com

심현식

찻잔 외 2편

뜨거운 김에서 피어오르는 무지개
그 안에 들어있는 낯익은 그림자들
익숙한 집들, 친구네 집, 작은 커피 집
그들과 나누던 이야기들
돌아다 볼수록 은은하고 푸르던 그날
아픈 마음을 누르고, 돌아갈 수 없다고
고개를 저으며 눈을 감아본다
변하지 않은 것은 아무것도 없다
시간은 흐르고 멜로디는 계속 이어져도
내가 지금 어디쯤 와 있는지 모르면서
돌아갈 시간이 되었다고 천천히 자리에서 일어난다
반쯤 남은 찻잔을 두고서,

저무는 창가에서

비는 오고 날이 저문다
바람에 쓸려 유리창에 달라붙는
바알간 단풍잎
나를 찾아왔구나
그래 네가 내 오랜 그리움이야
많은 시간이 흘러갔지
잊어서 안 될 일도 잊어버렸지
먼 산에 걸린 구름은 곱게 물들어
오늘 하루도 실없이 지나가는데
언제 만날까
깊이 묻어둔 말
할 수 있을까
달빛은 감나무에 추연히 걸리었다

그 나무 마로니에

정원 속에 살고 싶어서 저층 아파트로 이삿짐을 날랐다
사방이 나무들로 둘러싸인 집
슈트라우스 곡을 틀어 놓고 춤을 추고 싶던
숲속 정원 앞집
하루 이틀 사흘
한 달 두 달 석 달
창문 밖 나무는 빠르게 자라고
실내는 나날이 초록 그늘이 짙어졌다
"어머, 마로니에 나무네."
집 구경 온 선이가 놀라서 소리쳤다
부엌 앞에 우뚝 서서 나를 바라보던 나무
그가 마로니에라니,
방안은 얼마 동안 촛불을 켠 듯 환해졌다
그러나 우리는 정원 앞집을 두고
속절없이 떠나왔다
그 나무 마로니에를 두고 우리만 왔다
그는 아직 서 있는데

시

안 춘 화

2017년 《인간과문학》 시 등단
시집 《발화석의 기억》
충주 여성문화제 대상.
제천 전국의병문학작품 공모전 금상
한국문인협회 충북지부. 충주지부.
충북시인협회. 문향회 회원
인쇄 출판. 광고기획 석기시대 운영
nahwa03@hanmail.net

안춘화
민들레 외 1편

지난밤
누군가의 속이
몹시 뒤틀렸었나 보다
후미진 골목 담장 아래
왕창 욕을 쏟아 놓았다
졸지에 벼락 맞은 민들레
노란 꽃빛을 잃었다

꾹꾹 눌려 붙어 터진 생의 파편들
흔들리는 세상 바로 잡겠다고
비틀비틀 허세 부리던 객기
중심을 놓쳐버린 시간 춤을 춘다
달빛을 부여잡고 싸지른
한 되박 욕지기

세상 살아가며
쉬운 것 하나 없다는 것
다 알고 있다는 듯

그 속이 오죽했겠냐고
오히려 말갛게 웃는 민들레

누군가의 쓰린 속 다 받아 주고
끝내 모가지 떨구었다

맨드라미

뜰이 온통 붉다
한 움큼씩 색을 덜어내도 금세 채워지는
맨드라미
헤어날 수 없는
저 붉은 노동의 발

지난해 도롯가에 뿌리내린 맨드라미가 집 나온 여자 같았다 초점 잃은 미소에 눈물 알갱이 매달렸다 가속 차량에 휘날리는 치맛자락, 꽃핀 꽂은 모습 불안 불안하다 그 모습 눈에 밟혀 뜰로 데려왔다 윤기 나고 살 오른 매무새 다듬어 초충도로 서 있었다

저 작은 씨앗 죄다 눈물로 쏟아붓고
뜰을 온통 제 세상으로 만들어
붉은 부채 펼쳐 들고
살풀이 춤이라도 추려나 보다

시

양 희 진

성신여대 국어국문학과 졸업
2017 《인간과문학》 시 등단,
2024 《수필과비평》 수필 등단
시집 《접속》, 《샤갈의 피안 없는 시간》
한국문인협회 회원, 인간과문학, 아침문학,
봄마루시회 동인
jasmin1125@naver.com

양희진
분꽃이 피는 시간

당신이 오후 잠을 자는 사이
공원에 나가 맨발로 걸어 봅니다.
오후 4시, 당신은 꿈속에서 그 골목을 지나고 있겠지요
그 사이 날은 어두워지고
어디선가 분꽃이 피어나는 소리 들립니다
가만히 귀 기울여 그 소리 따라가
하릴없이 그네에 앉아 발을 굴러봅니다
하늘에 닿을 만큼은 아닌데
초저녁별이 불쑥 다가와 보입니다
반가워 당신인가 하고
가만히 올려다봅니다.
별은 아득히 멀고 저녁은 깊어져
귀뚜라미 소리 풀밭에 밥상을 차려놓았습니다
어디선가 밥 짓는 냄새 들립니다
활짝 핀 분꽃의 향기가 바람을 타고 지날 때
당신은 꿈속에서 노란 분꽃을 보고 있겠지요
아직 잠에서 깨지 않았겠지만,

시

유 광 종

인간과문학회 회장
《인간과문학》 시 등단
문학신문사 공로상 수상,
강북문인협회 감사패 수상
강북문인협회 이사
일흥상사(무역업) 대표
syslan@naver.com

유광종
다 그래 외 2편

흔들리며 사는 거야
기죽지 말고 겁먹지 말고
처음엔 다 그래
쓰라린 상처도
시간은 꿰매고 지나가
패배?
이유가 있는 거야
취하면 안 돼
달라져야 해
한 줌의 광기와 시답잖은 열정
스스로 상처 주지 말기를
불공평과 불합리를 받아들여
삶은 농담 같은 진담
목숨은 필패
무심한 척, 쾌활한 척
아무렇지 않은 척
쓰러지지 않는
저 억새들처럼
오늘도 흔들흔들

너를 잃고, 나는

가방을 잃어버렸다
조금 전의 미소
조금 전의 목소리
몸이 기억하는 따스한 손길
아예 처음부터 없었던 것은 아닌지
아무도 빈자리를 눈치채지 못한다
나는 나를 찾으러 다닌다
손끝 서로 놓치고
너는 혼자 걸어 나갔다
그리고 돌아오지 않았다
하릴없이 무너지다 남은
폐허가 된 으슥한 가슴이 오래 아팠다
함부로 손을 놓는 게 아니었다
그 저녁 너를 잃고
단숨에 허물어지는 나를 보았다

이 시대의 소통

비가 옵니까
제사장에게 물었다

달궈진 뼈에 금이 간다
점괘가 나왔다

태양 위에 염려를 두던 사람들
말은 많지만 정답은 없다

언제부턴가
이별은 쉽고
함께 우산 쓸 일이 없어졌다

시

최 길 순

2019 《인간과문학》 시 등단
gilsun50@naver.com

최길순

바람 부는 쪽으로 외 1편

하늘 모서리에 먹구름 밀리더니
바람은 숨 가쁘게 달려온다.

쩡쩡한 한낮 단단한 결핍을 뚫고
매미들의 다급한 울음소리
떠밀리듯 아찔하구나.

천년을 한자리에 붙박여 사는 바위도
못 견뎌 들썩이는 듯
한 치 앞도 모르는 게 세상이라
어찌 순간순간을 자로 재듯 살 수는 없다는 것

끓어 넘치던 생의 무늬
한낮 아스팔트의 뜨거운 오열

시원한 소낙비 한줄기에
순한 비둘기
허공의 비상구를 뚫고
가쁜 숨 몰아쉬며 자유롭다.

일탈하는 바람

햇살이 눈부신 차창 가에
뒤척이던 존재의 질주
멀고도 험난했던 안개가
서서히 아침 햇살에 창이시리다

한때 푸르렀던 시절이 계절 앞에 서 있다
달리는 차창 따라 물들어가는 시선
황금빛으로 펼쳐지는 들판
풍요롭다

무리 지어 날아오르는 저 참새 떼들
함부로 벼 이삭을 쪼아대던 발칙한 놈들
허수아비 두 팔 벌린 인고의 몸부림
너그러움에 미소 짓는 햇살과 바람

간간이 피어오르는 아침 연기
가을을 지피는 구수한 냄새에
허기진 나그네의 발길을 멈춘다

일탈하는 고속도로에 쓸쓸한 바람이 분다.

시

홍 의 선

2020년 《인간과문학》 시 등단
시집 《일곱 살과 여덟 살 사이에서》
esb5896@daum.net

홍의선

은인 외 1편

여러 사람 다니는 등산로
나뭇가지를 꽉 조르고 있는
산악회 표시 리본을 나는 본다

가지가 굵어져서
묶어둔 리본이 파고들어 있다
안쓰러워 난 애써 풀어준다

한때 내게도
한 은인이 있었다
난감한 사연에 묶였을 때
애써 나를 풀어준

검은 점 빼내기

얼굴에 검은 점들
보기 싫어
피부과에 가서 빼냈다

재생밴드 붙이고
후시딘 선크림 바르며
여러 날 애쓰며 관리했더니
전보다 훨씬 깨끗해진
맑은 얼굴이 되었다

살아오면서 생긴 마음속 검은 점들
까만 응어리로 맺힐까 두려워
말끔히 빼내고 싶다

갖가지 사연이 깃든 검은 점들
헤아리며 다독이고
훈훈히 어루만지며 녹여서
맑은 마음이 되고 싶다

시

황 희 경

《인간과문학》 시 등단
시집 《사랑옵다》, 《당신의 하늘은 어떤가요》
인간과문학회 회원, 지송시회 동인
in78157@hanmail.net

황희경

여백 외 1편

가을 문이 닫히네
가을 끝자락 붉은 울음 되어
피를 토하듯 붉은 그리움의 절정
단풍 지네

사과를 깎으며

　나도 모르게 한 손에 사과 하나를 쥐고 또 다른 한 손으로 과도를 쥐고 힘껏 쥐고 있는 사과의 등을 때린다 힘껏 한 번 더 때린다 사과는 기절한다
　사과가 생각날 때 사과가 먹고 싶을 때마다 나의 무의식의 사과 등 때리기는 계속성을 유지한다

　내 기억의 저장고 속에는 할머니가 마루 끝에 앉아 있다 햇볕을 따라 옮겨 앉는다 비가 와도 마루 끝에 앉아 빗소리를 듣고 파란색 비닐우산을 폈다 접었다 그러다 기둥에 기대어 세워놓기도 한다 할머니 옆엔 붉은 홍옥의 사과가 서너 개씩 놓여 있었다 푸른 댓잎 같은 띠를 두른 다정한 사기 접시 위에 놓여 있었다 하굣길 십 리나 되는 흙길을 걸어온 내 발소리 들으셨는지 마루에 앉은 할머니는 사과를 깎고 계셨다 마저 하나를 쥔 사과의 등을 툭 치며 사과를 깎으셨다 왜 그래요 라고 한번도 물어본 적이 없었다 습관적인 사과 깎이겠지 아니야 무슨 연유가 있어서였겠지 혹 벌레가 숨어들어 웅크리고 있을까 봐 피하라는 신호일까, 아님 사과를 기절시키려는 의도였을까

붉은 홍옥의 사과를 깎는다
나의 의지와 상관없이 사과 등을 두 번 두들긴다

동시

이 갑 영

《인간과문학》 시 등단
《아동문학세상》 신인상(동시 부문)
시집 《모처럼 우리》
인간과문학회 회원, 풀꽃아동문학회 회원,
아침문학회 회원
abujiyo@hanmail.net

이갑영

털레기 외 2편

세상 좋은 것도 털털
시름도 털털
다 넣었습니다 냄비에

볼품없다고
숟가락 놓는 분 없습니다
땀을 흘리면서
코를 훌쩍거려도
금이빨 사이로
고춧가루가 보여도
마주 앉은 분조차
눈치채지 못합니다

수제비 걸리면 왕건이요
새우 씹히면 계 탄 날
오가는 우스개로 시작된 맛
국수 오라기마다

주름살 깊던 짭짤함과
농익은 입담이 걸쭉합니다

바닥 잡일로 굳은 손이
굵은 땀방울 넣어
사발 채 들이킵니다
꺼억
또 하루가 넘어갑니다

주) 털레기: 온갖 재료를 함께 털어 넣어 만든 국수. 털털 털어 넣어 만들었다, 음식을 싹싹 털어 먹어 치운다(이북 말) 등의 뜻을 가진 가난했던 시절 추억의 음식
왕건이 : '왕건더기'의 준말, 횡재했다는 뜻. 규모가 크거나 가치가 있는 물건을 속되게 이르는 말

탱탱볼

1.

나, 너랑 놀고 싶어
너가 하라는 대로
다 하고 더 해 줄게

아래로 던지면
위로 두 배 튀어 오르고
위로 던지면
탱, 떨어졌다 다시 위로
탱탱

5미터 던지면
10미터를 굴러갈게
탱탱탱

혹시 나를 찾지 못하면
비가 오는 날

웅덩이에 들어가 있을게
둥둥 떠서
너가 찾아올 때까지

그러면 너 기분
도다시 탱탱해지겠지

2.

방에서 놀 땐 조심해
내가 좀 얌체거든
식탁 위에도 오르고
화분 밑에도 들어가
너무 심하면
아랫집에서도 올라와

그런데, 혹시
엄마가 늦게 오는 날엔

너 주머니에 넣어 줘
나도 외로우니까

그리고 빙글빙글
엄마가 올 때까지
손으로 굴리는 거야
계속 굴리는 거야

"딩동!"

그럼, 나를 잽싸게 던져 버려
나는 천정까지 날아오를게
탱탱~

바람이 그랬어

－저녁 먹자
엄마가 그래도

학원 가방 던져놓고는
문밖을 안 나오는
누나가 변했다

중학교 가더니
놀아 주지도 않는다
많이 변했다

눈치를 보던
엄마도 한계가 왔다

－밥 안 먹나!

－쾅!
문이 대답을 했다

―문 다시 닫고 와!
―바람이 그랬어!

―훈아, 너는 제발
사춘기 그런 거 하지 마라
내 밥상까지 바람이 왔다

수필

김 길 자

《인간과문학》 수필 등단
(사)한국수필문학진흥회 회원,
인간과문학회 회원, 수필나무문학회 회원
kilc789@naver.com

김길자

부부 외 1편

어느 가을날, 남편이 가장 사랑했던 조카 부부와 추모관에 갔다. 눈이 시릴 만큼 청명한 하늘이 기분을 편안하게 다독여 주었다. 추모관 올라가는 양쪽 길가엔 각양각색의 들국화가 고즈넉하게 피어 있었다. 스피커에서는 가톨릭 성가와 연도煉禱가 흘러나와 경건한 분위기를 자아냈다.

남편이 잠들어 있는 추모관은 주임 신부님이 2008년에 건립했다. 수원 근교의 울창한 나무가 있는 양지바른 곳으로, 입구에 들어서면 정 중앙에 커다란 피에타가 서 있다. 그 앞에서 성모님을 생각하며 기도드린 후에, 남편을 모신 2층으로 올라갔다. 그는 창문을 통해 시원한 바람과 밝은 햇빛이 들어오는 곳에 있다. 가을빛으로 물들어가는 나무들로 그 주위는 에워싸였다. 이름 모를 새들의 지저귐은 마치 다른 세상에 온 것처럼 느껴졌다. 그가 지난한 세월에서 벗어나 자유롭게 안식할 수 있는 평화로운 곳이라는 생각이 들었다.

남편은 작은 액자 속에서 등산복 차림으로 산등성이에 우뚝 서서 밝게 웃고 있었다. 활력이 넘쳐 보이는 건장한 그가, 액자 밖으로 금방 뛰어나올 것만 같았다. 언제와 같이 우리를 웃게 할 것처럼 보였다. 그 앞에서 고개 숙여 기도를 하고, 연도를 바쳤다. 그리고 사진을 그윽이 바라보았다. 그를 보내고 처음 얼마 동안은 남편을 이곳에 두고 나 홀로 서울서 살고 있다는 사실이 믿기지 않았다. 무슨 상황인지 좀처럼 현실감이 들지 않은 상태로 시간은 쉬지 않고 흘러갔다. 상념에서 벗어나 '다음 올 때까지 편히 쉬어요.' 하며 마음속으로 그에게 작별인사를 했다.

고개를 돌리다가 옆에 작은 메모지가 붙어있는 것을 보았다. 이름을 보니 잘 아는 남편의 가까운 친구였다. 그가 몇 달 전에 써놓고 간듯했다. "너무 늦어 미안하다. 거기서도 잘 지내고 있겠지? 네 아내 잊지 말아라… 잘 있거라, 친구야. 나도 너 보러 곧 갈 거다."라고 끝을 맺었다. 나도 남편을 보러 오면 만나러 갈 거라고 했었는데, 그 사람 메모를 보면서 목이 메어왔다.

내려가면서 신부님과 함께 한 검은 상복 입은 가족들의 장례행렬과 마주쳤다. 오늘 또 한 분이 생을 마감했다는 생각을 하니 지난날 내 모습이 오버랩되었다. 장례식이 끝나고 나서 내가 경험했던 그 진한 슬픔을 그 가족들도 겪게 될 거라 생각하니 마음이 무거웠다.

장례식 당시엔 현실감을 잃은 채로 로봇처럼 서서 그저 하라는 대로 장례절차에 따라 몸을 움직였다. 장례식이 끝나던 날, 친척들과 헤어져 그동안 상주常住했던 간병 아주머니와 집으로 돌아왔다. 집에 돌아오면 항상 휠체어에 앉아서 반갑게 맞이해 주던 남편이 이젠 보이지 않았다. 순간 가슴이 철렁했다. 그 사람을 잃어버리고 나만 집으로 돌아온 것같이 죄스러움에 몸을 떨었다. 존재만으로도 든든했던 남편이 내 옆에 없다니 현실을 부정하게 되었다. 이 세상에선 더 이상 그를 볼 수도 없고, 목소리도 들을 수도 없으며 손도 만질 수도

김길자

없고, 이야기할 수도 없다는 생각이 한꺼번에 밀려와 파도를 쳐댔다. 간병인을 보내고 아무도 없는 방 한가운데서 눈물을 하염없이 쏟아냈다.

조카들과 헤어져 집으로 돌아오는 전철 안에서 의자에 앉은 채 눈을 감았다. 위태위태했던 지난 시간들이 파노라마처럼 스쳐 지나갔다. 사고 난 후, 8년이 지났을 즈음, 그는 생사의 큰 갈림길에 있었다. 마비 상태에서 설상가상으로 소장小腸이 파열됐다. 촌각을 다투는 위급한 상태에서 수술을 했지만 마비 환자에겐 수술 후에 생기는 합병증이 더 위험했다. 그 합병증이 얼마나 위중했던지 세상 떠날 때 신부님이 하는 병자성사를 줄 정도였다.

중환자실에 면회를 갈 때마다 힘겹게 누워있는 남편을 차마 눈 뜨고 볼 수가 없었다. 그는 사지를 결박당한 채 고문당하는 사람처럼, 보는 나를 아프게 했다. 인공호흡기, 링거 줄, 폐에 물이 고이는 것을 빼는 호스, 가래 제거기를 주렁주렁 달고 있는 모습이 보는 것만으로도 고통스러웠다. 면회 오는 분들 대부분이 이번에는 정말 힘들 것 같다며 고개를 흔들었다. 그런 절망적인 이야기를 들으려는 건 아니었다. 나는 무조건 남편이 살아야만 한다는 일념밖에 없었.

남편을 그대로 떠나보낼 수는 없었다. 그와 함께할 우리만의 시간이 필요했다. 그가 5년 만이라도 더 살게 해달라고 전심을 다하여 주님께 매달렸다. 그에게 후회 없이 잘해주고 싶은 시간이 절실한 때문이었다. 더 길게 원하면 욕심인 것 같아 '딱, 오 년만'이라고 기도하고 또 기도했다.

몇 달 동안 중환자실과 입원실을 오가며 치료를 받았다. 하나의 장기가 나빠질 때는 다른 장기도 바통을 이어 가듯 나빠졌다. 한 주일에 세 번씩 혈액 투석을 계속했더니, 피가 깨끗해지면서 장기가 하나씩 좋아졌다. 장기와 장기 사이엔 밀접한 상호관계가 있다는 인체의 신비를 그때 느꼈다. 절체절명의 위기를 넘기고 넉 달 만에 남편은 병원 신세를 끝마치고 퇴원했다.

아찔했던 지난날을 회상하다 보니 어느새 집 근처 지하철역에 도착했다. 남편과의 시간은 언제나 함께하는 것만으로도 충분했다. 부부란 그런 것이 아닐까. 집으로 걸어오면서, 그를 만난 기쁜 날로 하루를 기억하고 싶었다.

비 오는 날의 바이올린 독주회

　무더위가 한창 기승을 부리던 때였다. 같은 부서에서 근무했던 후배가 오랜만에 문자메시지를 보내왔다. 학교 선배 딸이 금호아트홀에서 바이올린 독주회가 있다며 친구 분과 함께 오라는 소식이었다.
　재직할 때 나와 후배는 음악을 좋아하는 공통점이 있어 곧잘 어울렸다. 그녀와 음반을 구매하려고 음악사에 가기도 했고, 클래식 음악 감상과 해설을 들으려고 함께 다녔다. 내가 남편을 놓친 상실의 슬픔에서 허덕일 때 음악회 티켓을 예매하여 바쁜 중에도 자신의 시간을 내주곤 했다. 그녀는 음악을 좋아하는 선배 생각이 나서 이번 바이올린 독주회에 초대했다고 뜻을 전했다. 현직을 떠난 지 10여 년도 넘었건만 잊지 않고 소식을 주는 후배의 마음이 고마웠다.
　나는 클래식 음악 중에서도 피아노와 바이올린 곡을 좋아하는데, 바이올린 독주회라고 하니 더욱 관심이 갔다. 멀리 있는 친구들과는 시간이 맞지 않아, 가까이 있는 명상센터 원장님 차로 같이 수련하는 두 회원이 가기로 했다.

　음악회는 저녁 8시에 시작하기에 미리 만나 식사를 하고 있었다. 갑자기 날이 어두워지더니 천둥소리와 함께 비가 내리기 시작했다. 가끔 소나기가 내린다는 일기예보가 생각났다. 곧 그치겠거니 낙관

하고 있었는데, 식사가 끝날 때까지도 비는 그칠 줄 모르고 바람까지 동반하면서 무섭게 퍼부었다. 그때부터 마음이 초조해졌다. 폭우 속에서 그곳까지 갈 수는 있으려나, 걱정이 앞섰다.

시간은 쉬지 않고 흐르는데, 대책 없이 우왕좌왕하며 마냥 기다릴 수만은 없었다. 그칠 기미가 보이지 않자 원장님은 결단을 내렸다. 원장님은 우리에게 차에 타라고 하면서 휘몰아치는 빗속으로 전사처럼 차를 몰았다. 장대비 속으로 차를 들이밀기는 했지만 막상 차가 출발하게 되니 마음이 평정을 되찾았다.

금호아트홀엔 음악회가 시작하기 직전에 간신히 도착할 수 있었다. 실내는 관람객으로 가득했다. 팸플릿에선 친숙한 레퍼토리들을 보았다. 그날 연주하는 바이올리니스트는 국내는 물론 국제 콩쿠르에서 입상한 앞날이 촉망되는 여류연주자였다. 독일에서 돌아와 활발하게 국내 연주 활동을 펼쳤고, 몇 번의 독주회와 초청연주회 경험이 있다고 소개되었다.

첫 번째 곡은 이탈리아 작곡가인 비탈리(Vitali)의 샤콘느(Chaconne)였다. 첫 부분은 세상에서 가장 슬픈 곡이라는 명칭이 붙을 정도로 애달팠고, 유려한 선율 속으로 풍덩 빠지게 했다. 후반부에선 반전이 일어났다. 역동적인 경쾌함으로 슬펐던 기분이 업 되었다. 바이올리니스트라면 누구나 한 번은 연주하고 싶은 화려한 기교가 필요한 무곡이었다.

두 번째 곡은 베토벤의 〈바이올린 쏘나타 1번〉으로 부드럽고 아름다운 곡이었다. 그다음 곡은 내가 좋아하는 폴란드의 작곡가이며, 바이올리니스트인 비에니아프스키(Wieniawski)의 〈화려한 폴로네이즈 D 장조〉였다. 통통 튀는 경쾌함과 에너지 넘치는 멋진 곡이었다.

지난날 남편과 함께 들었던 때가 떠올라 그를 향한 그리움이 슬며시 고개를 들게 했다.

준비한 레퍼토리가 다 끝나자 관중들은 우레와 같은 박수로 환호했다. 그녀는 앙코르 곡으로 마냥 행복이 넘치는 크라이슬러의 〈사랑의 기쁨〉을 연주했다. 그녀의 바이올린 독주회는 관중들의 박수갈채 속에 멋진 피날레를 장식했다.

여류 바이올린 연주자의 가녀린 몸 어디에서 그처럼 강렬한 열정이 나올 수 있는지 놀라웠다. 연주에만 몰입하는 모습도 보기 좋았고, 때로는 자신의 연주를 즐기는 듯한 여유로움이 인상적이었다. 그녀의 피나는 연습과 노력이 있었기에 가능한 일이었다고 생각하니 코끝이 찡했다.

연주 시간은 오후 8시에 시작해서 중간에 쉬는 시간까지 두 시간에 걸쳐 끝이 났다. 밖엔 여전히 비가 억수같이 내리고 있었다. 밤 10시가 넘기도 했지만 쏟아지는 비로 인해 뒤풀이는 다음 기회로 미루었다. 원장님 차를 타고 집으로 돌아오는 내내 우리는 음악회에 대한 이야기로 신이 나 있었다. 차창 밖으로 내리는 빗소리도 좀처럼 잦아들 기미가 보이지 않았다.

명상센터 앞에서 일행과 헤어졌다. 집으로 걸어오는 동안 바람에 흩뿌리는 비로 옷은 축축하게 젖었고, 구두는 물이 스며들어와 걸을 때마다 질컥거렸다. 평소 같으면 기분이 불편했겠지만 그날은 괜찮았다. 바이올린 선율이 계속 머릿속에서 맴돌아 춤이라도 추고 싶었다.

집에 오자마자 샤워를 끝내고 샤콘느가 들어있는 CD를 틀었다. 여전히 애달프고 아름다운 선율이 마음속으로 스며들어 왔다. 비 오는 날의 바이올린 선율은 여느 때보다 감성을 자아냈다.
 언제나 느끼는 일이지만 나에게 음악회는 삶 속에서 잠시 가벼운 설렘을 주는 일탈과도 같았다.

수필

김 사 랑

《수필과비평》 수필 등단, 《인간과문학》 동시 등단,
《현대문학사조》 시 등단
수필과비평 동부지부장, 수필과비평 이사,
한국문인협회 회원
인간과문학 운영위 부회장, 도봉문학회 부회장
수필집 《아주 특별한 봄날》
도봉문학상수상
choyoundang@hanmail.net

김사랑
새로운 탄생 외 1편

빈터다. 빈터에 식물이 자랐던 흔적이 남아있다. 바람 놀이터로 두기에는 아깝다. 창고에서 삽을 들고 나왔다. 쉬고 있던 땅에 삽을 찔러 넣자 순해 보이던 땅이 삽질 소리에 화들짝 놀라서 화를 내듯이 덜그럭거린다. 삽질을 멈추고 손으로 흙을 살살 달래며 돌을 골랐다. 그리고 정성껏 하나하나 어루만지며 씨앗을 뿌렸다. 아들이 먼 이국땅에서 생명력 있게 살아가라는 어미의 염원도 심었다.

같은 씨앗을 빈 화분에 뿌리고 이랑에도 초록의 꿈을 심었다. 시간은 일정하게 흐르지만 파종한 장소에 따라서 성장 속도는 다를 것이다. 어쩌면 이 나눔이 후일 두 세계를 마주하듯 다름 아닌 다름을 볼 수 있을 것 같다.

1박 2일 집을 비우고 돌아와 보니 그사이 씨앗은 생의 문을 열고 보송한 얼굴을 내밀었다. 새싹을 보는 순간 미묘한 파장이 인다. 처음 알았다. 탄생부터가 별나다는 것을. 다른 것은 머리가 먼저 나와서 세상을 탐구하는데 어깨를 잔뜩 구부린 채 미지의 세상을 두려워하고 있음이 분명하다. 구부린 어깨를 바로 펴주고 싶지만 그 또한 살아내는 과정이기에 지켜만 보고 있다.

이국땅 새싹과의 만남도 인연이다. 아들이 캐나다로 이주한 것도 새 땅과의 인연이려니. 다 때가 있고 무수한 세월이 지나면 바라던

바 뜻을 이루게 될 테니. 씨가 뿌리를 내리고 무성한 잎으로 자라 제 역할을 할 때까지 땅의 순리에 맡기면 되리라. 새싹의 본질에서 경계를 본다. 구부렸던 어깨를 바로 세우고 일제히 선언문처럼 까만 모자를 쓴 채 뾰족하게 모습을 드러낸다. 가녀리지만 뚜렷하게 자기 존재를 알린다. 새싹은 현재를 넘어 과거가 뾰족했음을 알 수 있었다.

  비가 내린다. 싹이 돋아난 분은 비를 맞지 않게 자리를 옮긴다. 반면 노지에 있는 싹은 내리는 비에 속수무책, 버틸 힘이 없어서 한쪽으로 쏠렸다. 아직 제 몸 하나 감당하지 못해 안쓰럽다. 그러나 아침이 되면 일어나려 안간힘을 쓴 흔적이 역력하다. 내가 이곳을 떠나기 전에 빨리 뿌리를 튼튼하게 내렸으면, 나의 빨리빨리 병이 멀리까지 따라와서 조바심을 낸다. 틈이 날 때마다 와 들여다보지만, 발걸음 소리가 잦다 해서 빨리 자라지는 않는다. 오히려 그 반대가 될 수도 있다.

  비 맞은 새싹을 보니 아들이 이곳에 와서 마음이 많이 추웠을 거란 생각이 든다. 본인이 오랫동안 꿈을 꾸었지만 새로운 곳에서 발을 부치기까지 얼마나 많은 인내가 필요했을까. 식물과 인간이 다르지 않음을 타국에 와서 씨앗을 뿌리고 제대로 뿌리내리는 모습을 보고 싶은 것은 자꾸만 아들이 겪었을 시간이 짐작되기 때문이다. 이곳에 머물 수 있는 시간은 시시각각으로 다가오고 있다.

  이곳은 지역 특성상 10월이 되면 비가 잦다. 이제 새싹이 제법 자라서 지나가는 바람에 온몸을 맡길 줄도 안다. 분에 심은 새싹은 보호를 받으며 자랐다. 수장이 훨씬 크지만 땅에서 자란 싹보다 더 연약하다. 제대로 된 터에서 마음껏 자라길 바라면서 빽빽했던 모종을

솎아서 다른 곳으로 옮겨 심었다.

 대파는 분명 몸살을 앓는 모습이다. 한동안은 새로운 땅에서 뿌리를 내리려 애를 쓰겠지. 그렇게 바람과 비에 온몸을 맡기다 보면 역경을 이기는 방법도 터득하겠지. 대파는 한해살이가 아니다.

 올 한 해 견디고 나면 환희로운 둥근 꽃등을 밀어 올리겠지. 새싹을 심은 본질을 그때 아들은 읽어 낼 수 있으려나.

 이제 귀국길에 오를 날이 몇 날 남지 않았다. 하루에도 몇 번씩 허허벌판이 제집인 대파에 눈길을 보낸다. 매일 햇살 좋은 맑은 날만 있으면 좋으련만. 인생이 굴곡진 밭이랑 같으니 굽이진 무늬, 그 생을 피해 갈 이 누가 있을까. 아들의 삶 또한 만만치 않으리란 생각에 안쓰러움 가득 짠하다. 흐린 날도 맑게 바꾸는 생각의 시선을 잘 붙들고 살아가리라 염원한다. 낯선 땅의 한 줌 흙이 이토록 소중하다. 그 위에 아들 가족이 얹혀있다.

슈룹

　종일 겨울비가 내린다. 창밖의 가지치기를 한 고욤나무가 잠시도 쉬지 않고 흔들린다. 이렇게 바람 불고 추운 날이면 언니는 잃어버린 손가락 끝을 한 손으로 감싸고 늘 시리다 했다.
　언니와 나는 결코 대적할 수 없는 사이다. 나이로 보나 서열로 보나 바쁜 엄마보다 더 엄마 같던 큰 언니. 살림 밑천이라는 맏딸의 역할은 부모님 버금갔다. 아니 오히려 자질구레하게 생겼던 일은 모두 언니가 처리했다. 맏딸이 살림 밑천이라는 말은 누가 만들어 냈을까? 그 맏딸의 무게, 그 무게가 평생 언니의 어깨를 짓누른 것은 아니었을까.
　나는 언니와 닮은 것이 별로 없다. 인물로 보나 성품으로 보나 그 무엇도 뛰어넘을 수 있는 것은 아무것도 없었다. 어머니도 생전에 큰딸과 딸 다섯을 합쳐도 견줄 수 없다고 했다. 언니는 똑똑하고 뭐든지 잘하고 얼굴도 예뻤지만 말씨가 무척 예뻤다. 특히 공부도 잘하여서 상이란 상을 모두 휩쓸었다 한다. 그리고 손끝이 야물어서 수틀에 수를 놓으면 섬세하여 목련꽃이 살아서 몽우리를 터뜨리는 것처럼 생생하게 표현되었다 한다.
　결혼 전에 보건소로 출근을 하면서도 집에 와서는 부모님의 일을 돕다가 언니는 손가락 한 마디를 잃었다. 그래서 언니는 동생들에게

김사랑　75

험한 일을 시키지 않으려 무진 애를 썼다. 동생 여덟이 언니 집을 거치지 않은 사람이 없었다. 언니 집에 기거하다 한사람이 직장을 잡아나가면 대기 번호를 가지고 있다가 당연하다는 듯 들어가곤 했다. 도시에 살고 있는 언니를 금맥으로 생각하고 화수분으로 여겼다.

오빠는 평소에도 기타를 즐겨 쳤다. 여름 방학 때 언니네 집을 다녀온다고 올라가서 드럼을 사서 트럭에 싣고 왔다. 월부로 구입하여 고스란히 뒷감당은 언니가 떠안았다. 동생들이 사고를 치니 형부 보기는 얼마나 민망했을까. 시골에 계시는 부모님 걱정하실까 봐 몇 년이 지난 후에 알렸다. 그래도 비난도 힐책도 하지 않았다. 자식도 아닌 동생들을 그토록 헌신적으로 보살펴 줄 수 있었는지, 아홉 명이 열여덟이 되어 화려하게 피었을 때도 언니는 꽃의 중심이 되어서 버스를 대절해 온 가족이 함께 여행을 다녔다.

언니는 중풍 걸린 시아버지 수발을 15년을 하면서도, 1인 5역을 어떻게 할 수 있었을까. 늘 앞에서 몸소 보여줌으로써 동생들은 흉내를 내며 살아왔다. 그리고 지혜로워서 동생들의 시시비비도 예리하게 집어내었고 남의 아픔을 잘 어루만져주었다. 내가 이만큼 사람 구실 하며 살아갈 수 있게 만들어준 것도 언니의 영향을 받아서다.

지방에서 살 때 남편하고 말다툼 끝에 아이들을 다 떼어놓고 무작정 인천 언니한테로 갔다. 도착하니 늦은 밤이었다. 몹시 놀란 얼굴이었지만 아무것도 묻지 않았다. 밥을 차려주는데 한술도 뜨지 못하고 말없이 눈물만 흘렸다. 이튿날 내가 있고 싶을 때까지 있으라고 했다. 큰소리로 꾸지람하기보다 침묵으로 일관하니 더 호된 걱정이었다.

나는 형제들 순서에서도 아래고 급한 성격 때문에 감정조절이 안 되면 얼굴이 노을처럼 변한다. 나를 너무나 잘 아는 언니는 늘 누구하고라도 무해무덕하게 지내고 손해 보며 살라고 일렀다. 언니의 결곡함을 결코 따라가지 못한다.

어느 해 언니는 우리 자매에게 행운의 열쇠를 하나씩 선물해 주었다. 변치 않는 황금처럼 서로 아끼며 잘 지내라는 당부도 곁들였다. 언니에게 행운의 열쇠를 받은 사람이 몇이나 될까? 결코, 생활이 넉넉해서가 아니라 철딱서니 동생들이 삐걱대는 소리가 들려서 일 것이다.

우리 형제자매에게 지각변동이 생겼다. 언니의 항암 소식에 뛰어갔지만 정작 언니 앞에서는 허청거렸다. 비단결 머리카락 대신 비니를 쓰고 있었다. 낯선 모습에 목이 메어 별말을 못 하고 고개만 끄덕이다 돌아왔다.

그날도 연락 없이 병실로 찾아갔다. 그 시각 언니는 힘든 고개를 넘어가고 있었다. 간호사인 큰조카의 애끓는 절규 생사를 결정하는 숫자는 곤두박질하다 튀어 오르기를 반복했다. 투병해도 이별을 단 한번도 생각하지 않았다. 나는 가슴 저린 슬픔을 아무런 준비도 없이 맞았고 정신을 차리고 보니 조카들을 다독이지 못하고, 우리 집 현관문 숫자를 누르고 있었다.

오늘도 비가 내린다. 작고 큰 우산과 형형 색깔의 우산들이 거리를 가득 채운다.

나는 내 어깨를 적시며 누군가에게 슈룹을 내어 줄 수 있을까?

수필

김 세 희

《수필과비평》 수필 등단, 《인간과문학》 시 등단
시집 《사랑에 빠지다》 외 2권
수필집 《사랑의 미중물》
동시집 《나무에 걸린 말풍선》
대한항공 가족 여행기 수필 우수상,
동대문문화원주최 시 부문 최우수상,
농민신문 수필부문 가작,
도봉구 주최 김수영 시낭송대회 대상 수상
현, '문학의집 서울' 시낭송반 진행
my_munerva@hanmail.net

김세희
소인국 사람

　매주 로또복권을 샀다. 처음엔 오천 원, 다음 주에는 만 원…. 하지만 내가 찍은 숫자는 정답을 한번도 맞힌 일이 없다. 그래도 답을 찍을 때는 나름대로 길운이 들었을 것 같은 숫자라던가, 아니면 내가 좋아하는 숫자를 조합해서 찍는데, 휴지가 되어 버릴 때는 또 공연한 짓을 했구나 하고 자책을 한다. 그러나 한편으론 천 원짜리 선행을 한다는 마음으로 다음 주에 또 사곤 했다. 아니, 발표가 나기 전까지 하는 상상이 좋아서 사는지도 모른다. 만약에 된다면 큰 평수의 아파트도 사고 큰 차도 사고, 상상의 세계를 오락가락하며 즐기는 것이 좋은지도 모르겠다.
　생각해 보니 난 공짜라면 복권만 좋아하는 것이 아니었다. 백화점 세일 때, 삼십만 원어치를 사면 선풍기, 이불, 반찬통을 덤으로 얹어 준다는 전단지를 보면 오늘의 할 일 1순위가 바뀌기도 한다.
　오늘도 이것저것 사고 이불을 하나 받았다. 덤으로 받는다는 것은 기분 좋은 일이다.
　인생도 누가 덤으로 하나 주었으면 좋겠다. 부자로 살아가는 생을 하나님이 덤으로 준다면 얼마나 좋으랴. 그러나 인생에는 덤이 없다. 삶이 팍팍하게 느껴지는 것도 모두 덤이 없는 데서 오는 부작용이 아닐까 싶다.

덤을 받는 세일도 끝나고 로또복권도 가능성이 없다. 무엇을 기다리는 즐거움이 없으니 마음 한 귀퉁이가 빈 듯 허전하다. 냉정하게 따져 보면 난 물질만 빈약한 것이 아니라 마음도 빈약한 것 같다. 마음이 풍요로우면 애초에 로또복권의 행운이나 '덤' 같은 건 바라지도 않았겠지.

유년 시절에 증기기관차에 치여 죽을 뻔한 일이 있었다. 기관사 아저씨의 순발력으로 운 좋게 기차에 치이지 않고 살았다. 하지만 기관사 아저씨는 조개탄이 시뻘겋게 타오르는 기관차에 나를 태우고 얼마나 겁을 주었던지, 지금도 꿈속에서 기차가 철길도 아닌데 막 달려오는 꿈을 꾼다. 기관사 아저씨는 우리 집에 찾아와 아버지와 나를 데려다가 시뻘건 조개탄 속에 넣어버릴 거라고도 했다. 난 그 으름장에 심장이 오그라든 것처럼 졸아있었다.

"아버지가 그 기관사 아저씨보다 힘이 훨씬 더 세니 걱정하지 말아라." 하며 내 눈물을 닦아주던 아버지가, 마음이 허전할 땐 보고 싶고 그리워진다.

어찌 보면 내 인생은 그때 기관사 아저씨의 순발력에 덤으로 얻은 것이나 마찬가지였다. 그때의 감사함은 까맣게 잊고, 새파랗게 젊은 이가 고급 차를 타고 가는 모습을 보는 날은 '뭐야? 나는?' 하고 내 삶에 물음표를 던진다. 부를 누릴 수 있는 인생을 덤으로 하나 받을 수 있었으면 좋지 않아? 하며 또 로또복권을 산다.

덤이 싫었을 때도 있었다. 덤으로 얹혀살고 있다는 생각이 들었을 때, 그 가족의 웃음소리도 공허하게 들렸고 내 자리가 아니라는 것에 대해, 소외감으로 외로웠다. 제 몫이 아닌 것을 덤터기로 받은 사람도 힘들겠지만, 덤으로 얹혀사는 사람의 소외감이란 늘 마른 낙엽 같이 마음이 추웠다. 결혼하고 나서 나의 소외감이 많이 사라지긴 했지만, 집성촌 사람들은 모두 남의 편이어서 내 마음은 늘 사막에 홀로 서 있는 것 같았다. 내 인생의 주인이 나라는 생각이 들지 않고, 빌붙어 사는 느낌으로 살아서인지 늘 우울했다. 그렇게 10여 년 우울증을 앓았다.

이렇게 마음이 허해지고 울적증이 도질 때, 아무 말도 묻지 말고 아버지처럼, 잘못을 알고도 무작정 내 편이 되어주는 그런 따뜻함이 그리웠다.

때때로 내가 다른 사람의 덤터기라고 생각되던 그 시절처럼, 초라하고 빈곤해진 마음이 들 때면 난 가끔 북악스카이웨이 정상에 있는 팔각정에 올랐다. 그곳에 오백 원을 넣고 먼 데를 바라보는 망원경이 있었다. 그 망원경에 오백 원을 넣고, 눈을 맞추고 사방을 빙 둘러 보기 위해 망원경을 돌린다. 남산, 인왕산 북악산을 빙 둘러보니 산이 울타리처럼 서울을 감싸고 있다. 그 아래에 위용을 뽐내던 빌딩은 나의 발치에 죽은 듯 엎드려 있다. 오밀조밀한 작은 집들과 큰 개미만 한 자동차들, 갑자기 소인국에 온 걸리버가 된 듯하다. 가까이, 멀리 보기를 조절하니 모두가 내 뜻대로 움직여 준다. 로또복권에 당첨이 되어도 다 사지 못할 끝없이 푸른 하늘, 구름이 모두 내 소유다.

'세상 별거 아니로구나, 다 내 발아래 엎드려 있네.'

모두 소유할 수 있는 포만감, 내가 세상의 덤이 아니라, 세상의 모든 것이 나의 덤으로 존재할 수 있다는 것에, 뉴턴의 만유인력을 발견한 것만큼이나 위대한 발견 같다. 이렇게 많은 소유물을 신이 나에게 허락하다니….

　걸리버의 눈에 들어온 소인국처럼, 모든 것이 나의 발아래에 펼쳐져 있는 것을 보니 마음까지 그득하게 차오른다.

수필

김 은 옥

2017 《인간과문학》 수필 등단
동서문학상 소설부문 수상
인간과문학회 회원. 수필과창작 문학회 회원
저서 《위로》
keo79@hanmail.net

김은옥
속수무책

오랜만에 가본 신촌은 활기찼다. 대학가이기도 하지만 상권이 발달된 곳이라 오가는 사람들이 많다. 세브란스 병원의 주차장은 만원이었고 겨우 주차하고도 출구를 찾기가 쉽지 않았다. 마치 인생길처럼.

지난해에 직장암으로 판명이 난 후배를 만나러 가는 길이다. 그동안 항암치료를 수차례 받았으나 간과 폐에까지 전이가 되어 치료 중이다. 병실에서 면회는 안 되어 잠깐 병원 로비에서 만나기로 했다. 본관은 많은 이들로 붐벼서 만나기로 한 다른 지인들을 찾기도 쉽지 않았다. 손전화를 통해 서로의 자리를 확인해서 겨우 만났다.

아픈 이는 휠체어가 없어서 기다리는 중이라고 문자를 남겼고, 순간 그의 상태가 위중함을 느꼈다. 얼마 전만 해도 별로 아프지 않다고 했었는데 휠체어를 이용할 정도면 많이 아프구나 싶어서 염려가 된다.

멀리서 구부정한 모습으로 후배가 느린 걸음으로 다가왔다. 휠체어를 못 구했나 보다. 몰라볼 만큼 야윈 얼굴과 황달기로 피부가 변색되고 머리털도 많이 빠진 상태이다. 보자마자 가슴이 먹먹해 온다. 손을 내밀어 잡아봤지만 앙상한 손과 까맣게 변해가는 피부색이 마음을 아프게 한다. 눈물이 저절로 났지만 아닌 척하고 인사를 나누었다. 애써 웃으며. 키가 컸던 후배의 등은 굽어 보였고 안경 너머의 눈은 생기가 없어 보였다. 마스크 너머 들려주는 음성은 너무도 작아서 분명하게 내용이 들어오지 않았다. 아마도 마음속으로 모두 울고 있을 것이다. 기도가 끝나고 눈을 떠보니 후배가 울고 있다. 시원하게 울지도 못하고 훌쩍이는 그가 안쓰러워 더 눈물이 났다. 그의 손을 잡으며

"괜찮아 그동안 많이 참았잖니, 울어도 돼"

정말 내 마음은 간절했다. 늘 허허거리며 아무 일도 없는 듯이 낙천적으로 살았던 그였는데 이 지경이 되도록 우린 뭐 했나 싶고, 이제야 찾아와 미안한 마음만 가득했다. 그동안 전화로만 소식을 주거니 받거니 했었는데 후회가 밀려온다. 지방에 사는 그가 치료차 신촌 세브란스까지 오갔었는데 괜찮다는 그의 말만 믿었었다. 지금의 모습은 그게 아니다. 자기 나이보다 십 년은 늙어 보여 그를 바라보기조차 민망스럽다.

십 분이나 있었나, 그가 힘들어 보였다. 그를 병실로 보내고 나니 지인들의 표정이 어둡다. 섣불리 말은 못 하고 서로의 눈치만 살필 뿐이다. 한마음일 것이다. 놀라서, 이 현실을 받아들이기가 쉽지 않아서 서로들의 시선은 허공을 헤맨다.

누군가 입을 뗀다. 밥 먹으러 가자고. 그래, 점심때가 됐구나. 먹긴 먹어야겠지. 참 얄궂다. 이런 와중에도 밥은 먹어야 하니. 부러 가벼운 말을 건네보지만 마음은 무겁기만 하다.

살면서 예기치 않게 벌어지는 일들이 있을 때마다, 한숨처럼 토해져 나오는 말 한마디는 사는 게 뭔지다. 살아 있어도 언제 어떻게 될

지 모르는 알 수 없는 미래다. 한 치 앞도 모르는 인생길을 우린 살고 있다. 나이가 들수록 지인들의 안녕이 필요한, 시간의 강을 건너고 있다. 뻔히 보면서도 아무것도 할 수 없는 무기력함이 맥 빠지게 만든다. 인생살이가 이리도 무력한 건지, 죽고 사는 문제 앞에서는 속수무책이다. 어쩌면 내가 겪을 수도 있는 일들인데 싶어서 망연자실할 뿐이다.

아픈 이는 그 누구도 대신할 수 없는 고통을 혼자서 삭이며 외로움과 씨름하는 게 가장 힘든 일일 것이다. 그것도 나을 거라는 희망보다는 절망이 압도적일 때 얼마나 기진할까. 무엇보다도 삶을 지탱해 주었던 일상의 흐름이 무너지고 보이지 않는 시간의 터널을 걸어 들어갈 때의 두려움이 견딜 수 없을 것이다.

집으로 돌아가는 길에 소나기가 내렸다. 차창으로 흘러내리는 비가 마음을 슬프게 한다. 바람에 흔들리는 가로수들도 슬퍼 보이고 철옹성처럼 버티고 서 있는 고층 건물도 슬퍼 보인다. 건물 안에서도 누군가 아파서 신음하고 있는 건 아닌지. 우린 인생이라는 길을 걸으면서 고난 앞에서 지치기도 하고 단단해지기도 한다.

무엇을 향해 오늘을 걷고 있는지. 누군가 그랬다. 진정한 삶은 머묾이 아니라 떠나는 것에서 시작한다고. 내 곁에 있던 누군가가 또 떠나가기 위해 준비하고 있다. 긴 시간을 함께하지 못한 아쉬움이, 아픔이 내 등을 밀어내고 있다. 먹구름이 비가 되듯이 내 슬픔이 녹아내려 눈물이 된다.

후배의 하회탈 같이 웃던 모습이 그립다.

수필

김 종 혁

《인간과문학》 소설, 수필 등단
《수필과비평》 신인작품상
단편소설집 《비전 꽃 줌마》
한국 소설가 협회 회원, 인간과문학회 회원
아침문학회 회원, 수필과비평 작가회의 회원
hyukplaza@hanmail.net

김종혁

금융과 소설
―소설집 《비전 꽃 줌마》의 에필로그

지난 칠월 초, 나는 출판사 대표에게 소설책을 내고 싶다고 말했다.
"책을 내시겠다고요? 그럼, 추석 전까지 원고를 제출해 주세요. 시월 중순에는 책을 볼 수 있을 겁니다. 계절은 참 좋습니다"
출판사 대표는 소설책 한 권을 만들려면 최소 육백 매 이상의 원고가 필요하다고 했다. 모아놓은 원고는 오백 매 남짓이었다. 쓰고 있던 단편소설 《비전 꽃 줌마》를 마무리하면 충분했다. 자기 책이 없는 작가의 창피함을 드디어 털어버릴 것 같았다. 소설은 금방 완성할 수 있을 듯했다. 회사에 곤란한 일이 생기기 전까지는 그랬다.
금융 용어 엔피엘NPL은 Non Profit Loan 즉, 무수익 대출채권이다. 금융회사가 재정건정성을 유지하려면 수익이 없는 자산을 팔고 현금을 확보해야 한다. 나는 엔피엘을 매입하는 회사에 다닌다. 우리 회사는 부동산 담보가 달린 엔피엘을 싸게 사 왔는데 뜬금없는 유치권자가 나타났다. 담보 부동산에 유치권자가 있으면 경매를 해도 제값을 받을 수 없다. 유치권자는 못 받은 공사대금을 받기 전에는 건물을 비워 줄 수 없다고 했다. 이미 짐작한 바지만 그는 너무 많은 금액을 요구했다. 자칫하면 강남의 중형아파트 한 채 값이 허공으로 사라질 판이었다. 싼 게 비지떡이라는 말은 이런 경우였다.

글을 쓰려고 노트북을 열면 나는 어느새 유치권을 검색하고 있었다. 원고 제출 시한은 꼬박꼬박 다가오는데 글은 갈피를 잡을 수 없었다. 눈 뜰 욕심에 공양미 삼백 석 시주를 약속한 심봉사 신세였다. 심봉사에게는 효녀 심청이라도 있지만 소설책은 오롯이 내 몫이었다. 소설의 끝마무리에서 우황 든 소 앓듯 속만 끓이고 있었다. 글을 쓸 때는 회사 일은 잊어버리자고 다짐을 해봤다. 하지만 그게 티브이 채널 바꾸듯 마음대로 되는 일인가?

나는 올해로 사십 삼 년째 금융업에서 일하고 있다. 사고방식과 언어가 정량적定量的으로 굳어 있다. 문단에 발을 들여놓은 건 불과 오년 전이다. 금융과 문학은 전혀 다른 사유를 하고 다른 언어를 쓴다. 예를 들면, 금융에서 부동산 담보의 평가금액은 숫자로 표시한다. 여기에 서정적 단어가 들어갈 틈이 없다. 현상과 사실을 왜곡하면 심지어 범죄의 의도가 있다고 의심받는다.

반면에 문학은 어떠한가? 이효석의 소설 《메밀꽃 필 무렵》의 한 구절이다. '길은 산허리에 걸려있다. 산허리는 온통 메밀밭이어서 피기 시작한 꽃이 소금을 뿌린 듯이 흐붓한 달빛에 숨이 막힐 지경이다' 아름다운 수묵화 한 폭이다.

회사 일에 대한 감각이 왠지 무뎌진 것 같다. 직원들은 나이 때문이라고 하지만 나는 속으로 문학 입문 탓이라고 생각한다. 그렇다고 글을 잘 쓰는 것도 아니다. 나는 글쓰기가 여전히 힘들다. 조금만 방심하면 내 글은 엄근진으로 흐른다. 문학 교실 지도교수와 문우들의 합평에 책상 속으로 얼굴을 파묻어 버리고 싶을 때가 많다.

유치권자는 나름 전문가였다. 그는 우리 회사의 약점, 이자는 잠도 자지 않고 휴일도 없다는 말을 먼저 했다. 협상 시간을 끌면 우리의 수익이 이자로 녹아버린다는 얘기였다. 우리를 마치 그물에 걸린 먹잇감으로 보는 듯 표정이 차가우면서 느긋했다. 《베니스의 상인》에서 고리대금업자 샤일록은 신체 포기각서를 들이밀면서 안토니오를 죽이려고 했다. 우리는 유치권자 앞에서 안토니오처럼 쩔쩔맸다.

두 가지 일이 모두 뜻대로 되지 않으니 나는 허구한 날 우거지상이었다. 며칠 동안 말없이 지켜보던 아내가 마침내 지청구를 하고 나섰다.

"요즘 사람들은 유튜브도 숏츠Shorts만 보는데 소설을 쓸 게 뭐람? 차라리 유튜브를 하면 용돈이라도 벌 수 있지. 그리고 재촉하는 사람도 없는데 늦가을 중 싸대듯 돌아치는 이유는 뭐예요?"

'당신은 왜 살림에 도움이 안 되는 소설을 쓰는가?'라는 질문이다, 이것은 나 자신에게 되돌아와서 '나는 세상을 향하여 무슨 이야기를 하고 싶은가?'라는 물음이다. 삼 년 동안 소설을 써오면서 수시로 자문했던 화두이기도 하다. 동화가 아이들의 이야기라면 소설은 어른들의 이야기다. 나의 이야기를 남이 공감해 주면 뿌듯하다. 그러니 시시한 이야기를 해서는 안 된다. 나는 이야기를 멋지게 꾸미고 글로 쓰는 일이 재미있다. 마치 탑을 쌓아 올리는 느낌이 들고 완성했을 때의 성취감은 중독성이 있다. 무엇보다 나 자신이 소설 속의 인물로 변신해 볼 수 있는 점이 큰 축복이다.

우리 한국인의 삶은 끝없는 경쟁 속에 휩싸여 있다. 개인주의는 점점 더 심화하는 것 같다. 개인 간의 경쟁이 치열해지면 사회는 약육강식, 밀림의 법칙이 지배한다. 인간의 탐욕은 제어하기 힘들고 폭력을 야기하여 인간성이 상실된다. 어떤 사람은 굶어 죽어가는데 어떤 사람은 세상의 모든 것을 가졌다고 희희낙락한다면 사람 사는 세상이라 할 수 없다.

　첫 소설집《비전 꽃 줌마》에서 나는 강자의 탐욕과 폭력에 저항하는 소시민의 용기를 그리려고 노력했다. 몰개성의 시대에 소시민들의 나약함은 사회 곳곳에 부조리가 똬리를 틀게 만든다. 이는 개개인을 불행하게 할 뿐만 아니라 공동사회의 평화를 깨뜨리게 될 것이다.

　어렵사리 단편소설《비전 꽃 줌마》를 완성했다. 미니 픽션 세 편, 단편소설 세 편, 옴니버스 소설 세 편, 총 아홉 편의 원고가 육백사십 매가량 되어 책 한 권 분량이 충분했다. 출판사에 원고를 넘기기 전 마지막 점검 차원에서 삼 년 전 데뷔작품〈회화나무〉를 읽어봤다. 그런데 이게 내가 쓴 소설이란 말인가? 내 눈을 의심했다. 군더더기 말이 너무 많고 작품의 주인공도 누구인지 불분명했다. 이대로 책을 냈다가는 돈 들여 우세 사는 꼴이 될 게 분명했다. 별수 없이 새로 쓰다시피 수정했다.〈회화나무〉를 고치고 나니 연결된〈별미집 오순례〉,〈퍼즐 피스〉도 전부 고쳐야 했다. 글은 고칠수록 좋아진다. 일본의 노벨문학상 수상자, 오에 겐자부로도 노벨상을 수상한 직후부터 자신의 작품을 새롭게 고치겠다고 언급한 바 있다. 하물며 이제 겨우 첫 작품집을 내는 나로서는 이를 마다할 이유가 없다. 아홉 편의 소설들을 전부 고쳤다. 원고는 다시 오백오십 매로 줄어들었다. 출판사 대표는 원고량이 좀 부족하지만 책을 여성 핸드백에 들어갈 정도로 작게 만들어보자고 했다. 우여곡절 끝에 단편집《비전 꽃 줌마》를 출간했다. 유난히 길었던 늦더위가 그새 사라지고 가을이 와 있었다.

　유치권자는 우리 회사에 터무니없는 합의금을 요구하고 있다. 시간이 흐르면서 우리의 수익은 몽당연필 닳아지듯 줄어들겠지만 우리만 약점이 있는 게 아니다. 그들도 부동산의 점유 유지라는 아킬레스건이 있다. 우리는 기회를 엿보다가 지게차로 그들의 컨테이너 사무실을 들어내 버릴 계획을 세웠다. 양쪽이 그렇게 대치하다 보면 어느 순간 인내의 한계를 실감하고 협상의 합의점을 찾게 될 것이다.

  금융과 소설, 모두 지극히 전문적인 분야다. 왠지 두 마리 토끼를 쫓다가 다 놓칠 것 같은 예감이 든다. 이 또한 나의 탐욕이다. 조만간 하나를 선택해야 할 날이 올 것 같다.

수필

나 윤 옥

《인간과문학》 평론 등단
저서 《작은 눈으로 읽는 서사 수필》
winoo@naver.com

나윤옥
또 만날 테지

몇 년 전에 소중한 친구를 잃었다. 급성 백혈병을 앓았는데, 골수 이식을 받아 건강해지는 듯했지만 결국 감염으로 아까운 삶을 마감했다. 기어코 세상을 떠나고 말다니, 나는 홀로 산속에 버려진 느낌이었다.

그 친구가 얼마 전, 내 꿈에 나타났다. 내가 놀라, 너 어떻게 왔어? 했더니, 명랑하게 말한다.

으응, 한 번은 이 세상으로 잠깐 와 볼 수 있어. 그래서 온 거야.

얼마나 기뻤는지. 이승과 저승 간에 통로 하나가 있구나. 그렇게도 그립던 친구를 만나게 해 주다니, 이렇게 평안한 얼굴로 내게 와주다니, 죽음은 회귀 불능의 망망한 어둠이 아니었어. 기뻐서 내 몸이 울울 떠오르는 것 같았다. 깨고 나서야 꿈인 것을 알고 안타까웠지만, 꿈에서라도 만났다는 기쁨은 꽤 오래갔다.

사범대학을 졸업한 후 그는 동해안 쪽으로 발령을 받아 갔기 때문에 우리는 자주 만나지 못했다. 가끔 아주 긴 편지를 주고받았고 어쩌다가 한 시간이고 두 시간이고 긴 통화를 하는 게 전부였다. 그는 일찍 퇴직을 했다. 계속 교편을 잡고 있던 내가 학생들을 인솔하고 설악산으로 수학여행을 갈 때면 그 친구가 숙소로 찾아와 이야기를 나누곤 했다.

삶을 견딘다는 것은 외로움을 이고 가는 것임을 절감하게 된 것은, 남에게 내 마음을 호소하는 일이 줄어들면서부터다. 나는 그럴싸하게 말을 놓치지 못해, 있는 그대로 실토해버리는 화법을 가졌다. 울면 누군가 내 울음을 다독여 줄 것이라고 어쩌면 그렇게 허약한 응석을 품고 살았는지.

이를 순수하게 여겨주는 따뜻한 사람들도 적잖이 만났지만, 품어주지 않을 사람을 구분 못 하고 속내를 털어놓는 어수룩한 짓도 꽤 많이 했다. 이 어수룩함은 모르는 결에 내 안에 얼마나 많이 상처 자국을 냈을까? 나이가 들면서 이러한 나를 책하다가, 웬만해선 입을 꾹 다물게 되었다.

학부 시절, 독문학 개론을 뒤적이다가 읽게 된 릴케의 시, 〈두이노의 비가〉.

내가 소리친다 해도
어느 천사가 갑자기 나를 껴안을 수 있으랴.
그의 강렬함으로 나는 소멸하고 말 텐데

첫 구가 이러했던 것 같다. 이 첫 구를 읽으며, 절대적 고독과 우수憂愁가 서러워 눈물을 쏟은 적이 있다. 그 시절엔 왜 그리 서러움이 많았을까? 다자이 오사무가 쓴 소설 《사양斜陽》의 주인공의 섬약함에 반해 나는 그걸 열 번도 더 읽었다. 내 허약함을 소설에 기대 위로를 얻느라 그런 것 같다.

그토록 유약한 나에게 특히 따뜻했던 그 친구. 따뜻하다는 것은 무엇일까? 말 그대로 따스하게 바라봐 주고 곡해 없이 받아 주는 것.

그는 문학을 좋아하는 내 취향을 좋아했다. 음악을 좋아하는 취향도 좋아했다. 특히 내 이야기 듣는 것을 아주 좋아했다. 영화, 책, 사람에 관한 이야기들. 공부도 나보다 잘했고 이과 성향이었지만 내 감성을 부러워하기도 했다.

그의 시댁이 있는 동네가 신도시로 개발되면서 농경지가 많았던 그의 집안은 큰 부자가 되었다. 도심에 여러 채의 건물을 지었지만, 그들 부부는 교사 시절 그대로 여전히 검소하게 살았다. 아들 결혼 때도 며느리의 웨딩드레스와 한복을 손수 만들어 입혔다. 그의 아들 결혼 때, 결혼식장인 연세대 동문회관을 들어서면서 나는 늘 그랬듯이 구석진 곳을 찾아 축의금을 봉투에 넣고 접수대를 찾았다. 그러나 접수대를 찾을 수 없었다. 그 결혼식은 남달랐다. 하객도 그리 많지 않았고 축의금도 받지 않는 결혼식이었다. 슬그머니 봉투를 도로 가방에 넣는 손이 얼마나 부끄럽던지.

그는 자신은 검소하게 살면서, 그렇지 않은 다른 이의 취향을 비판하는 일이 없었다. 마치 벽촌에서 올라온 시골뜨기처럼 그는 누구든 찬찬히 살펴보며, 아이구, 참 이쁘다. 그 모자, 그 스웨터, 이런 건 어디서 사는 거니?

그런 점 말고도 내가 그를 그토록 좋아했던 이유는 내게 부족한 명철함과 공명함이 그에게 있었기 때문이다. 그와의 대화는 내 머리를 시원하게 터 주었다. 예민하고 과할 정도로 감성적인 나와 달리, 그는 순순한 말투였지만 논리 정연하고 정의감도 확고했다.

한번은 내가 남편에 대해 투덜거리다가 따끔하게 야단을 들은 적이 있다.

정말 몰라? 너 쉬운 사람 아닌 거? 너를 선택한 남편을 늘 따스하게 배려해야 해. 너 자신을 제일 중요한 자리에다 놓지 마. 그는 네가 아주 잘 해줘야 하는 세상에 둘도 없는 소중한 배우자야.

단호한 표현에 내심 놀랐지만 그 말은 내 결혼생활에 적잖은 영향을 끼쳤다. 아마도 그러한 충고 덕분에 내가 조금 현명해지지 않았을까? 더 많이 주려고 하고 이해하려고 하고, 묵묵히 인내하려고 노력했기 때문이다. 믿어도 좋을 충언을 해 주는 친구가 어디 흔하랴? 결점을 훤히 보면서도 그것은 접어두고서 사랑을 베풀어 주는 친구가 흔하랴?

소리치며 울어대지 않아도 마음에 고인 슬픔을 읽어 주는 친구. 그가 가버린 것이다. 나를 잘 아는 그. 선망 없이 타인을 칭찬할 줄 아는 그, 천진한 시골 처녀 같았던 그.

요즘처럼 가슴이 답답해 울고 싶을 때 그를 그리워한다.

언젠가 또 만날 테지. 그때는 금방 떠나가지 않고 오래오래 긴 이야기를 나눌 수 있으려나.

수필

문 현 주

2013 《한국산문》 수필 등단
2018 《인간과문학》 평론 등단
moonhj0220@naver.com

문현주
선짓국 그리고 스무 살의 사랑 외 1편

'음식이란 육체를 위한 양식이지만, 때로는 과거의 기억을 이끌어 낸다.' 이 말에 대해서는 우리 일상에서는 물론, 문학에서도–특히 백석의 시를 보면 북한 식당 메뉴판처럼 음식 이름이 줄줄 나온다– 종종 있는 일이기에 누구나 동의할 것이다. 그런데 나는 오늘 여기에다 한 가지 더 덧붙이려 한다. 음식이 때로는 '새로운 기억을 창조해 낸다'는 점이다.

단톡방에서 30년 만에 재회해 얘기하게 된 H가 있다. 반갑기는 한데 그에 대한 특별한 기억이 없었다. 뭐 그쪽도 그럴 테지만. 그러나 나는 동방예의지국에서 반듯한 교육을 받고 성장한 사람으로서, 오랜만에 만나는 사람에게 반가움을 표해야 한다는 것쯤은 잘 알고 있었다. 뭐가 있을까, 뭐가 있을까. 생각 중에 딱 떠오르는 게 있었다. 바로 '선짓국'이다. H가 음악을 좋아했다는 기억은 있지만 같이 음악회를 간 적도 없고. 하지만 선짓국을 먹으면서 바흐에 대한 열정 어린 얘기를 들은 적은 있다. 나는 말했다. '너랑 청진동 해장국집 갔었고 선짓국 먹었어.'라고. 뭔가 중요한 한 고리를 찾은 듯 뿌듯했다.

그런데 이 친구, 아주 신박한 놈이었다. "너 나를 사랑했던 거 아니냐?"라는 답이 돌아왔다. 마치 기정사실인 양 말을 하는데, 너무나 황당해서… 유쾌했다. 데굴데굴, 마음이 몇 번이나 굴렀다. H의 말에 의하면, 자기는 전혀 기억이 없는 일을 내가 기억하고 있다는 것은 내가 자기를 연모했기 때문이란다. 음, 충분히 일리가 있다. 그렇게 따지자면 나는 무려 30년 동안 그 추억을 소중히 품고 있다가, 천지신명의 도움으로 단톡방에서 H를 만나 이제야 털어놓은 것이다. 과거의 사랑과 아픔을 곱씹으며 한을 풀듯 말이다.

 이 나이에 다시 만들 수도 없는 젊은 날의 로맨스를 하나 날려버리는 일이 안타깝기는 하지만, 사실을 말하자면, 그가 아니라 그 선짓국이 너무나 인상 깊었다. '선지'는 '소피'다. 동물의 피를 끓여서 젤리처럼 굳게 해서 먹는 음식인데, 아무리 네모지게 썰어 놓았어도 '소피'라는 본질은 변하지 않는다. 소피를 그렇게 맛있게 먹는 것은 아무리 생각해 봐도 '전설의 고향'에 등장하는 '구미호'밖에 없는 것 같았는데, 그는 그랬다. 남자 구미호!

 선짓국에 대한 최초의 기억은 초등학교 1, 2학년쯤이었을까. 많이 아팠던 나는 딱딱하거나 질긴 음식은 잘 씹을 수도 없었다. 밥 먹는 일도 기력이 달리는 가엾은 시절이었다. 엄마는 가끔 말랑한 선지를 넣고 콩나물 된장국을 끓였다. 엄마는 그게 소피라는 걸 결코 알려주지 않았다. 색은 좀 검었지만 잘린 모양이나 딱딱하지 않은 식감이 두부 친구인 줄만 알았다. 아픈 게 지나고 나자 어느샌가 선짓국은 식탁에서 사라졌던 것 같다. 그 시절 이후로 집에서 먹었던 기억이 없다. 그런데 6학년 때쯤인가. 학교 급식에서도 그 선짓국을 봤다. 두부 친구가 아닌 것쯤은 알 수 있는 나이였다. 선생님께 물어봤나 친구에게 물어봤나, 그것의 정체를 금세 알 수 있었다. 맛있으면 맛있지 결코 나쁘지 않은 그 맛, 알고 있었지만 '소피'라는 말을 듣고는 먹을 수가 없었다. 마치 음메~ 하며 피 칠갑을 한 소가 뛰쳐나와 뿔로 나를 받아버릴 것 같은 기분이었다. 그날 나의 급식은 먹성 좋던 내 짝이 먹어버렸다.

그 이후로 선짓국을 입에 대본 적이 없었는데, 대학 4학년 때 H와 갔던 청진동 해장국 집에서 그 추억을 다시 대면하게 된 것이었다. 해장국집도 그날이 처음이고 그런 메뉴도 처음이었던 내게 그는 말했다. "너는 이런 것도 못 먹냐?" 음식 대신 하루에 영양제 세 알만 먹고 살았으면 좋겠다고 생각하던 시절이었으니 그런 걸 알 리가 없었다. H는 내가 먹든 말든 우적우적 너무도 맛나게 그 선짓국을 먹으며 바흐의 음악을 말했다. 어찌 생각해 봐도 바흐와 선짓국은 삐그덕, 몇 년은 조율 안 된 피아노가 연출하는 불협화음 같았지만 말이다. 그의 열변을 들으면서 나는 아마도 선짓국에 들어있는 콩나물이나 파 쪼가리를 집어먹었을 것이다.

그런데 나의 이러한 사정을 알 턱이 없는 그가 선짓국과 사랑을 연결 지은 것이다. 그것도 내가 자신을 짝사랑한 것이라고. 자신을 좋아하는 여자들이 많았는데 나도 그중의 하나였다나? 그가 연거푸 말하는 통에 나는 말려들 수밖에 없었다. 반대 자료를 제시할 수도 없었고, 웃자고 한 농담에 진지하게 덤벼들 수도 없는 노릇이었다. 그 편이 더 어색하지 않은가. 그리고 무엇보다도 나는 이제 스무 살이 아니다. 그 정도의 농담쯤은 유쾌하게 넘길 수 있다. 오히려 그 뜬금없는 상상력에 경의를 표하고 싶었고 그런 상상력을 자신감 있게 발설할 수 있는 H가 신기했다. 그만큼 아직 물색 모르는 것인지 때가 안 묻은 것인지 혹은 중증 왕자병의 치유가 늦어진 것인지. 그러나 어떠한가. 지나간 시절에 대해 첫사랑인지 짝사랑인지 뭔지 모를 보랏빛 향기를 입혀보는 일 말이다. '과거에 너랑 나랑 웬수였어.'라고 기억하는 것보다 훨씬 예쁘고 아련하지 않은가.

  앞으로 선짓국을 먹게 될 일이 있다면 꼭 H를 생각하게 될 것 같다. 그날의 선짓국 얘기로 졸지에 30년이나 곱게 묵혀온 새로운 사랑을 찾았으니 말이다.

설마 사기는 아니겠죠

　어린 시절, 나는 글쓰기 숙제를 후딱 해버리고 놀러 나갈 수 있는 아이였다. 선생님이 '지우개'나 '연필' 같은 것을 소재로 내주시면 그때마다 지우개도 연필도 되면서 상상의 나래를 펼치며 글을 뚝딱 써 냈다. 중고등학교 시절에는 주로 논술을 했는데 논제에 대해 할 말이 많아서인지 글쓰기는 수월했다.

　대학 때를 돌이켜 보면, 카드나 편지를 쓸 일이 있으면 "네가 써. 빨리 제일 잘 쓰잖아."라는 친구들의 칭찬에 혹해 기꺼이 볼펜을 꺼냈었고, 전공 리포트를 무려 지하철에서 완성한 요상한 이력도 있다. 출근 시간이 지나 학생 전용 같던 덜컹대는 2호선에 앉아 원고지 위에 파란색 빅(Big) 볼펜으로 일필휘지를 날렸다. 박완서 작가론이었는데 워낙 좋아하는 작가라 이미 모든 작품을 읽었고, 뭘 쓸지 생각을 엄청나게 했기에 머리를 툭 치면 글이 술술 나오는 상태이긴 했다. 논리력과 창작력을 부추기는 데에는 마감을 넘기면 안 된다는 강한 의지가 최고였겠지만 말이다. 얼마나 빨리 썼던지 손가락과 팔이 다 저렸다. 한동안 방송 글도 썼는데 그때도 속도 면에서 뒤지는 편은 아니었다. 당연히 마감을 넘긴 일은 없었고 그렇다고 글의 퀄리티가 떨어지는 것도 아니었다. 다른 작가들이 신문이나 잡지를 자료로 삼을 때, 나는 도서관에 가서 참고문헌을 열 권도 넘게 읽었으니까.

 이렇듯 갑작스레 과거사를 꺼내는 것은 뒤늦은 자랑질을 위함이 아니다. 글과 관련해 지금의 내가 영 이상해서다. 언제부터인가 글이 너무나 더디다. 생각도 많이 하고 고치기도 하지만, 고쳐봤자 나아지지도 않는다. 글을 빨리 쓸 수 없음은 물론이요, 마음에 드는 글도 완성된 글도 별로 없다. 열심히 발장구는 치는데 전혀 앞으로 나가지 못하는, 아니 물속에 고개를 처박고 잠수하는 기분이다.

 그 원인을 진단해 보자면, 재주가 박색이라는 본질적인 문제가 있긴 하지만, 내가 쓰는 글의 성격에 있는 것 같다. 과거에는 주로 자료를 읽고 내 견해를 덧붙였으니 일종의 수업 리포트라고 봐도 무방하다. 그런데 요즘 쓰려는 것은 수필, 그러니까 개인적인 면이 더 들어간 글이다. 수필을 소싯적부터 좋아했냐 묻는다면 그것은 아니다. 시도하게 된 이유는 단순했다. 만만해서!

 그렇게 생각하게 된 데에는 중고등학교 시절, 국어 교과서와 선생님의 탓이 크다. 그들은 분명 수필을 다음과 같이 소개했다.

> 수필은 형식의 제약을 받지 않고 개인적인 서정이나 사색과 성찰을 산문으로 표현한 문학 양식이다. 수필은 뜻 그대로 '붓을 따라서, 붓 가는 대로 써놓은 글로서 무형식의 자유로운 산문이다.

 이 설명을 이 나이가 되도록 믿었고, 그래서 문학적 재능이 부족한 나도 수필이라면 쓸 수 있겠구나, 쓰려고 마음만 먹으면 되겠구나, 생각했다. 하지만 막상 손을 대고 보니 절대로 무형식도 아니고 자유롭지도 못했다. 이런 정의는 과연 누구의 생각인지, 진짜로 수필이란 것을 써보고 말한 것인지 의심스러울 정도다.

손 가는 대로 쓰다 보면 삼천포로 빠졌고, 잘될 때는 뭔가 의미가 생성되나 싶었지만 사건의 단순 나열처럼 되기 일쑤였다. 합평을 하면 종종 사색이 없다거나 깨달음이 없다거나, 혼자만 의미 있고 재미있는 일기라는 평도 들었다. 이럴 때는 의아했다. 수필이 무형식에 자유로운 산문이라면 일기야말로 수필 중의 수필일 텐데 왜 폄하의 대명사로 자리 잡게 되었을까. 그리고 세계명작이라는 《안네의 일기》도 일기고 표현력이 뛰어난 조선 시대의 《동명 일기》도 일기인데 왜 내 글만 일기라며 욕을 먹은 것인지. 남에게 이런 평을 듣거나 자기 글에 대해 스스로 비판하게 되면, 마치 '얼음 땡' 놀이에 갇혀버린 것처럼 손가락이 자판 위에서 굳어버렸다.

내 글을 진지하게 생각했다. 과연 공감대가 있을까, 글에 드러난 '나'라는 사람이 너무 별로일까. 도덕성이 결여됐을까. 성격이 꽝인가. 솔직함이 구차함으로 변질되지 않을까. 등등 사색인지 고민인지 자아검열인지 머릿속이 시끄러워졌다. 별것 없는 글이라는 아쉬움에 다른 화제나 생각을 첨가해 보면 더 뒤죽박죽됐다. 그렇다고 멋들어진 수식어나 은유를 사용해 시처럼 써보자면 공연히 폼 잡은 느낌이었고, 소설처럼 상상력을 섞어보자면 거짓말하는 것 같아 수필의 본령을 거스르는 듯했다. 잘 써보려는 마음이 일을 더 그르친 것 같았다.

현실을 왜곡하지 말고, 잘난 척도 말고, 비도덕적이지도 말고, 그러면서 지겹지 않게, 솔직하고 재미있으면서 깨달음까지 있는 글. 이렇게 좋은 수필의 기준을 그려보자면 그야말로 이상 그 자체였다. 게다가 대다수 수필이 긍정적 결말을 제시하고 따뜻한 마음을 보여준다는, 그래야 남들의 평가가 좋다는 점까지 고려하자면 나는 죽었다가 깨어나도 못 쓸 영역이었다. 사람 사는 게 어찌 매번 긍정적이고 희망적이며 따뜻할까. 내 눈에는 그런 세계란 동화나 도덕 교과서 같기도 하고, 막연히 요즘 시대의 인기 비결을 따라 한 것 같기도 해서 거북하고 쑥스럽고 간지러웠다.

이렇게 바라는 게 많아도 너무 많은 수필을 놓고 '붓을 따라서, 붓 가는 대로 써놓은 글'이라 말할 수 있을까. 이것은 거짓 설명을 넘어 글재주가 없는 이를 붙잡고 누구나 쓸 수 있다며 꼬여내기 위한, 심하게 표현하자면 사기처럼 느껴지기도 한다. 나만 봐도 그렇게 시간을 투자했는데 이리도 성과물이 빈약하다니. 고쳐도 고쳐도 완성될 수 없는 고생스러운 글쓰기에 빠진 듯하다. 음, 씁쓸하다.

그렇다면 과연 이 글은 완성할 수 있을까. 형식과 내용에 어느 정도 문제가 있음을 안다. 하지만 또한 나는 안다. 더 잘 쓰려고, 완벽한 글을 쓰려고 한다면 이 글은 분명 세월아 네월아 하다 완성되지 못한 채 더딘 글로 남을 확률이 높다는 것을. 편히 수필을 쓰고 싶지만 그게 영 안 된다. 대단한 문장가가 된다면 더할 나위 없겠지만, 그게 아니라면 쓴다는 것 자체로 만족하고 그것에 충분히 의미를 부여한다면 가능할까. 아니면 남들의 눈을 의식하지 않는 강심장이 되어 자신의 세계를 펼치는 데 몰두한다면 될까? 어떤 식이든 변화가 필요한 시점인 듯하다.

'붓을 따라서, 붓 가는 대로 써놓은 글'이라는 말에 다시 한번 의지해 큰맘 먹고 이 글을 제출하기로 한다. 글을 놓고 사기를 당했다고 한탄하기보다는 한 편의 '완성'된 수필이라고 꼬리표를 붙여두는 편이 나에게도 글에도 좋을 테다. 이런 완성을 몇 번씩 거듭해 나간다면 어느샌가 붓 가는 대로 쓸 수 있는 이가 되려나. 시도하지 않는 것보다는 낫겠지. 수필에 대한 설명은 절대 사기가 아니었다고 평온한 표정으로 말하는 내 모습을 그려본다.

수필

박 연 희

2020 《인간과문학》 수필 등단
수필집 《검은 솥》
eekswl@hanmail.net

박연희

안반데기 외 1편

평창 안반데기 마을에 들어서니 배추밭은 끝을 찾을 수 없었다. 해발 천백 미터의 고랭지 배추밭 안반데기다.

참 토속적인 지명이다. 안반은 떡을 칠 때 사용하는 넓고 우묵한 나무절구 모양에서 그 이름이 유래되었다고 했다. 안반의 언덕에서 안반덕길이라 부른다. 강원도 사투리가 배인 데기로 바뀌어 안반데기라고 불렀다.

켜켜이 쌓여있는 돌무더기를 보는 순간, 정신 나간 듯 혼자 중얼거렸다. '돌과 돌 사이를 뚫고 자라는 튼튼한 배추 뿌리는 없는 걸까'

남겨진 돌담은 화전민들의 피땀 어린 흔적이었다. 큰 성을 쌓아도 부족함이 없을 돌멩이. 화전을 일구어 살던 힘들었던 시간이었다. 산꼭대기에 자리한 넓고 우묵한 떡판 같은 고원에서 그들의 추위와 배고픔이 고스란히 느껴졌다.

한여름에 배추가 피었다. 비스듬히 능선을 이룬 밭에는 배추가 자로 잰 듯이 죽죽 줄 맞추고 있었다. 동그랗고 납작하게 접시꽃을 닮은 배추, 반쯤 속이 찬 배추, 속이 꽉 차서 팔려 가는 배추. 피어나고 자라고 떠나고, 돌고 돌았다. 어제 배추가 오늘의 배추고 또 내일의 배추고 안반데기 마을에는 오롯이 배추만 크고 있었다.

안반데기 하면 고랭지 배추. 배추는 기온이 서늘한 곳에서만 자랄 수 있었다. 시간과 때를 잘 맞추어서 안반데기는 푸르렀다. 낮에는 강렬한 햇빛과 바람으로 단단해지고, 밤에는 쏟아지는 별빛으로 맛있는 배추로 자랐다.

처음 간 장소인데 낯익다. 당연한 듯한 안심감도 들었다. 슬픈데 마음은 편했다. 하늘이 맞닿는 그곳에는 해가 뜨겁지만 바람은 조용하고 쓸쓸했다. 봄, 여름, 가을이 짧다는 이곳, 농사를 지을 수 없는 겨울에 한몫한다는 풍력발전기가 돌아가고 있었다. 하얀 두 팔을 벌려 빙글빙글 돌았다. 두 번 다시 배고픔은 없을 것이라는 약속을 하는 손짓 같았다.

내 안에 조용히 숨 쉬는 기억이 있었다. 소백산 한 자락, '단산'에서 배추를 키우던 일이 떠올랐다. 그곳이 나의 안반데기였다. 내 배추밭은 작은 안반 만했다.

물 주고 벌레 잡고 배추를 키우는 것은, 나 자신을 보살피는 일이었다. 배추를 지키기 위해 매일 배추를 들여다보는 일은, 맑고 투명한 내 속을 보는 것 같았다.

지금 생각하니 춥고 배고팠다. 그때는 느끼지 못했다. 시간의 틈새에 잠시 내가 있다고 생각했다. 나이도 어렸고, 새로운 환경에 정신이 팔렸다. 안반데기의 배추같이 떠나서 새로운 곳으로 가기 때문이었다.

남편의 직장인 산골의 학교는 주위에 아무것도 없었다. 안반데기와 다름없는 첩첩 산골이었다. 아이는 두 명이나 낳았고, 우리는 살아남아야 했다. 밤에 애가 갑자기 아프기라도 하면 속수무책이었다. 그때는 미처 느끼지 못했던 뜨거운 감정이 배에서 솟구쳐 몸이 떨렸다.

온몸의 촉이 그곳에 닿았다. 깜깜한 밤에는 별빛 가득한 하늘이 배추밭을 지켰다. 밤에 화장실에 가고 싶으면 우리는 같이 나섰다. 배추밭을 지나면 별이 내는 소리와 마른 바람 소리, 무서움에 떠는 내 숨소리가 내 귓속에서 섞여 울림으로 나왔다.

잠자리로 돌아오면 얕은 잠으로 꿈의 연속이었다. 무서워서 걷는데도 다리에 힘이 빠져 배추밭에 털썩 주저앉았다. 잠옷이 말려 올라가 드러난 등을 통해 바람이 들어와 체온을 조금씩 훔쳐 가는 대신 꿈이지만 뚜렷한 무력감이 들어왔다. 내 작은 몸이 속이 꽉 찬 배추로 바뀐 듯 무거워졌다.

밝은 낮이 되면 어젯밤의 무서움은 꿈만 같았다. 한심한 숨이 절로 흘러나왔다. 갑자기 아주 우습다는 듯 웃음을 터뜨렸다. 밤에 칭얼거렸던 아가는 배추밭 옆에서 흙 놀이하고, 배추벌레는 배추를 갉아 먹었다.

이제 겨우 접시꽃같이 핀 배추를 한 포기 뽑아 쌈을 싸 먹었다. 간밤에는 별빛이 많이 내렸는지 더 달금해졌다. 쌈밥은 아주 배가 불렀지만, 저녁밥을 먹을 때까지는 포만감이 남지 않았다. 그러면 또 새참으로 배추전을 부쳐 먹으면 되었다. 배추는 김장해서 겨울 양식이 아니고, 산골에서는 간식거리였다.

배추가 알이 차기 시작했다. 산골은 겨울이 더 일찍 찾아왔다. 얼리지 않으려고 짚으로 묶어 주었다. 우리 아가도, 학생들도 우람한 배추를 들여다보았다. 배추밭을 만들 때 주워 모아놓은 돌무더기는 아이들의 놀이터였다. 예쁜 돌을 주워서 공기놀이했다. 겨울에는 큰 돌을 주워서 깨끗이 씻어 집에 들여놓았다. 나는 아기들하고 돌에 그림을 그렸다.

여전히 남편의 월급은 우리 식구가 한 달 살아가기에는 턱없이 부족했고, 내 안반데기에는 배추밖에 없었다. 나는 도울 일이 배추를 가꾸는 일밖에 없었다. 거기에는 돌아가는 풍차도 없었고, 곧 생활이 넉넉할 것이라는 약속도 없었다.

단산을 떠나 여기저기 옮겨 살았지만, 그 후 산골에는 두 번 다시 가지 않았다. 하지만 지금까지 내내 그때 느낀 생각이 머리에 있었다. '안반데기와 배추는 긴 시간 동안 한 몸이었다.'

"궁둥이가 안반 만하다"

"돌과 돌 사이를 뚫고 자라는 튼튼한 배추 뿌리는 없는 걸까"

나는 이 두말을 생각만 해도 즐거웠다. 생활이 넉넉지 않아도 안반데기에 배추만 생각하면 춥고 배고프지 않았다.

망대

 그곳에 통나무집 하나 있었다. 뜨겁던 해가 지고, 차가운 달이 뜨고, 반짝이는 뭇별이 점점이 사라지고, 적막만이 남아있었다.
 허허벌판에 삐죽이 혼자 서 있었다. 언뜻 보아서는 그동안 무엇을 지켰는지 알 수 없었다.
 손을 이마에 얹고 둘러보았다. 들판에는 과수원이 끝없이 펼쳐졌다. 사과꽃이 하얗게 피어 있었다. 꽃은 주위에 빛을 내며 무엇을 부르는 손짓을 하고 있었다. 눈에는 보이지 않지만. 벌과 나비가 머무는 자리에는 바람이 불었다. 벌과 나비와 꽃을 지키는 망대 같았다.
 통나무로 한 칸 한 칸 올려 뭉툭하게 지어졌다. 껍질이 벗겨지고 삭아서 오랜 시간의 흔적이 보였다. 이제는 제 할 일을 다 한 듯 묵묵히 서 있었다. 바람이, 구름만이 흐르는 들판에 정적이 흘렀다. 요즘은 흔히 볼 수 없는 색다른 풍경이었다. 지나간 것들은 부서지고 기억 속에서 사라져 가는 망대였다.
 문경 도자기 박물관을 가는 중이었다. 상우회 모임 가족들은 앞서서 가고 있었다. 과수원에 불던 바람이 내게로 스며들었다. 흩날리는 옷자락을 움켜잡고 발을 옮기는 중 높이 서 있는 멋없는 통나무집을 보았다.
 들여다보았다. 한 남자가 앉아서 쉬고 있었다. 나를 올려다보는 그는 표정이 맑고 덤덤했다. 오래된 통나무집을 보고 정신이 팔린 나는 그를 망대를 지키는 파수꾼이라고 단정 지었다. 그저 예사로이 참고 견디며 지냈으리라고 생각했다. 그의 눈길이 닿는 곳마다 바람이 일며 벌과 나비는 꽃을 찾았겠지.

통나무집에서 서성거리고 있으니 앞서가던 일행들이 다시 돌아왔다. 경주에 사는 정선생이 통나무집을 보는 순간 망대라고 말했다. 파수꾼이 있는 망대라고 좋아했다. 정선생은 교회의 장로였다. 성경에 망대와 파수꾼에 대한 말씀이 많다고 했다. '포도원을 세우셨는데 망대를 세우시고 파수꾼을 세우셨다.' 성경 한 구절을 읽어 주었다.

대구 이 선생은 망대가 늙고 병든 우리 모습 같다고 했다. 그는 살이 많이 빠졌다. 사모님은 몸이 안 좋아서 오지 못했다. 일 년 동안 이 모임만 기다린다고 했는데 음식을 해서 건강을 지켜주던 사모님이 몸이 아프니 잘 보살펴 주지 못한 것 같다. 건강이 안 좋은 이 선생은 본인 때문에 회원들이 불편하다고 오지 않으려고 했다.

안동에 사는 사모님은 한결같이 날씬하던 몸매가 허리가 아파서 그렇다면서 살이 많이 불어있었다. 그래도 원래 가지고 있던 성격은 변하지 않아 밝은 표정으로 말했다.

마음만은 산골에 살 때 같이 홀쭉하다고 했다. 우리는 일박이일 동안 그녀를 홀쭉이라고 불렀다.

조용하게 잠자는 안동의 홀쭉이 때문에 밤새 웅크리고 잠들지 못했다. 내 잠버릇은 늘 소란스럽고 몸부림이 심했다. 낮에 못다 한 것을 밤에 잠을 자면서 꿈속에서 헤맸다. 나는 조그마한 불편함 때문에 불평을 말했다.

아침에 일어나 멍한 머리에 나가는 말이 까슬했다. 내년부터 상우

박연희 117

회 모임에 오지 않겠다고 했다. 남편의 대학모임에 사십 년 넘게 왔으면 되지 않았냐고 하면서 구시렁거렸다.

늘 덤덤한 표정이던 남편은 나의 불평에 몹시 화를 냈다. 오랜 시간 내 편이 되어서 나를 지켜주던 모습은 어디에도 없었다. 몸이 불편한 이 선생이 혼자 사라져 버려서 걱정했다고 또 화를 냈다. 화는 화를 불러 걷잡을 수 없었다. '그동안 서로를 위해 무엇을 지켰는지 알 수 없었다.'

남편과 이 선생이 서로 손을 맞잡은 모습이 보였다. 얼른 가까이 가보았다. 이 선생이 걱정하게 해서 미안하다고 사과하였다. 남편도 이제 덤덤한 표정을 짓고 별거 아닌 거로 화냈다고 미안해했다. 상우회는 힘든 일도 많았지만 오랜 시간 서로를 지켜준 가족 같은 모임이었다.

바람 세게 부는 허허벌판에 서 있는 망대는 사십 년 넘게 지켜온 상우회 모습이었다. 다 삭아서 볼품없는 나의 모습이었다.

망대를 보는 순간 우리가 갓 결혼했을 때가 떠올랐다. 첩첩 산골이었다. 산골의 생활은 참고 견디는 하루하루였다. 참고 또 참는 일상을 보내는 것은 쉽지 않았지만, 산골만이 우리의 공간이라고 생각했으며, 그 공간을 채우려고 여념이 없었던 한때였다. 우리에게는 그때가 중요한 문턱의 순간이며, 지금 와서 되돌아보니 아름다운 시간이었다.

이 골 저 골에서 오는 학생들을 남편은 복식수업을 하면서 방과 후에도 집으로 보내지 않고 지켰다. 집에는 부모님이 논밭으로 농사일을 나가서 아무도 없었으니까. 나도 남편 따라 애들 밥도 먹이고 목욕도 시켜주고 했다. 우리 아가들이랑 형제같이 지냈다.

상우회 회원들도 멀리 떨어져 있었지만, 다들 오지의 분교장에서 지냈다. 일 년에 한 번씩 만나서 얼굴을 보며 본인들의 산골 이야기를 나누었다. 철이네 강아지가 새끼를 열두 마리 낳았다 등 우리는 소소한 일상들을 이야기했다.

첩첩 산골의 우리의 망대로 돌아가고 싶은 마음이 간절했다. 남편은 맑고 덤덤했으며, 나는 늘 유순했다. 그때는.

산골의 망대는 붉은 해가 떠올랐다. 낮 동안 파수꾼은 뜨거운 마음으로 주위를 살폈다. 밤이 되어 둥근달이 떠오르면 달빛 받아 편안히 잠들었다. 이웃이라고는 하나도 없는 별들만이 있는 망대였다.

수필

박 칠 희

《인간과문학》 수필 등단
(사)한국수필문학진흥회 회원,
인간과문학회 회원, 수필나무문학회 회원
chpark2875@gmail.com

박칠희

친구의 전화 외 1편

70년 동안 자매같이 지내는 평생친구에게서 전화가 왔다.
"어, 잘 지내지? 애들도 편안하고?"
"…"

그런데 전화를 해놓고 말이 없다. 내가 다시 말을 건네도 대답이 없다. 한참 만에 친구가 띄엄띄엄 말을 이었다. "나, 선이 아빠와 이혼해야겠어." 지금 내가 무슨 말을 들은 거야. 나는 말문이 막혀버렸다. 친구에게 해 줄 말이 깜깜히 생각나지 않았다.

10대 때 사귀어 수십 년 동안 자매처럼 지냈던 친구다. 가식 없는 순수한 성품이 좋아 나는 그와 친구가 되었다. 친구는 나보다 먼저 결혼해서 딸 둘과 막내로 아들을 두었다. 알뜰하고 부지런하고 자식에 대한 교육열도 남다른 친구였다. 삼 남매를 좋은 학교에 보내고 결혼도 잘 시켰다. 그런데 갑자기 이혼이라니. 나는 그의 남편과도 잘 알고 지냈다. 내가 알고 있는 친구의 남편은 시원시원한 성격에 직장생활도 성실히 잘했기에 그만하면 가정적이라고 생각했는데 친구는 이혼을 해야겠다고 한다. 칠십이 넘은 나이에? 더구나 점잖은 사위가 둘이나 있고 듬직한 아들과 며느리도 있는데. 믿기지 않았다. '황혼이혼'이란 말을 언젠가 어딘가에서 몇 번 들어는 봤어도 내 친구에게서 이혼이란 말을 듣게 될 줄이야.

친구의 남편은 변명할 수 없는 실수를 하였다. 그동안 용서받지 못할 짓을 했고 그 사건들이 하나둘 들통이 났다. 이미 이혼 절차가 진행 중이라는데, 놀랍고 당황스러웠다.

친구는 나에게 부탁이 있다면서 말문을 열었다. 그 당시 우리 사회에서 널리 알려진 변호사를 선임했다며 나와 같이 변호사 사무실에 다니고 싶어 했다. 자초지종을 듣고 곧바로 약속 날짜를 잡았다. 아차! 그런데 아니었다. 친구가 이혼을 한다는데 말리지는 못할망정 그 일에 왈가왈부하겠다니, 말도 안 되는 약속을 한 것에 곧바로 후회했다. 그리고 친구에게 전화를 걸었다. 아들이 이사를 하게 돼서 손녀들을 돌보기로 며느리와 약속한 것을 깜박했다고, 친구와 약속을 지키지 못하게 된 이유를 설명했다. 자매 같은 친구지만 엄밀히 따지면 남의 가정사이다. 나보다는 본인의 아들과 딸하고 의논해서 후회 없는 결정을 하는 게 좋을 거라고 진심을 전했다. 친구는 아무런 말도 없이 전화를 툭 끊어버렸다. 의지하고 싶고 위로받고 싶었을 텐데 나에게 많이 섭섭했던가 보다.

그 후로 십 년이 지나도록 친구도 나도 말문이 닫힌 듯, 할 말을 잃은 듯 소식이 끊겼다. 하지만 늘 마음속으로 그가 궁금했다. 돌이켜 생각해 봐도 친구의 이혼에 대해 참견하지 않은 건 잘했다는 생각이다.

아들네가 이사 가게 된 것은 사실이다. 큰손녀 학업 문제로, 학교 가까운 곳으로 집을 옮겨야 했다. 나는 아침이면 아들 집으로 가서 유치원과 학교에서 돌아오는 손녀들을 한동안 돌봐주었다.

그런데 이상하다. 친구와 전화가 끊긴 후 마음은 친구 생각으로 늘

안절부절못했는데 치매도 아니건만 나는 친구의 전화번호를 까맣게 잊어버렸다. 거짓말처럼 도무지 생각이 나질 않았다. 메모 수첩 속에서 전화번호를 찾아봐도 보이지 않았다. 언니들과도 친자매처럼 지냈던 친구인데 전화번호를 모른다면 누가 믿겠나. 나 스스로가 이해가 되지 않는다. 그의 전화번호를 외우고 지내며 적어놓지 않았나 보다. 늘 마음속에 무엇을 잃어버린 듯 지냈는데 엉뚱한 곳에서 전화번호가 튀어나왔다.

얼마 전부터 나는 손때가 밴 물건들을 선별해서 버리고 있다. 책장을 정리하면서 잡다한 수첩들을 버리려 살펴보다가 친구의 전화번호를 발견했다. 반가움에 마음이 울컥했다. 그런데 이 마음은 또 뭐란 말인가. 선뜻 전화를 걸 수가 없다. 전화를 했다가 없는 번호로 나오면 어쩌나. 이미 이 세상에 없다는 말을 들으면 또 어떡하나. 나는 친구의 전화번호를 아직도 누르지 못하고 있다.

친구와의 추억 앨범을 찾아 펼쳤다. 우리에게 다시 돌아올 수 없는 세월 속 모습들이 하나둘 꽂혀있다. 봄이면 파란 풀밭에 나란히 앉아 알 수 없는 미래를 고민하던 사춘기 시절 애잔했던 모습, 여름이면 해수욕장에 놀러 갔는데, 나는 수영복 입는 게 부끄러워 나무 그늘에 앉아 친구들 옷만 지켰다. 그때의 청순했던 모습이 가슴을 울린다. 쏟아지는 빗줄기에 같이 쓴 우산 하나로 옷이 몽땅 젖어도 끝없는 이야기를 하며 걸었던 우리만의 거리, 겨울에 함박눈 맞으며 깔깔대고 돌아다녔던 추억의 그림들이 어제인 듯 정답다.

먼 훗날 아이들 결혼시켜 분가하면 그리고 만약에 남편들이 먼저 떠나게 되면 노후에 한집에서 같이 늙어가자며 손가락 걸어 맹세도 했었는데, 자식들한테 무거운 짐 안 되게 미리미리 준비하며 살자고 다짐도 했었는데. 추억이 담긴 사진들을 보니 칠십여 년 전 단발머리 나풀대며 재잘대던 이야기가 메아리 되어 들려오는 듯하다.

'친구야! 어떻게 살고 있니? 어떻게 살았니? 인생의 끝자락에서 너의 꾸겨진 자존심을 차마 볼 수가 없었단다. 네가 힘들 때면 나를 찾았고 내가 힘들면 너를 찾아갔었지. 너의 인생에서 가장 힘들 때 같이하지 못해 미안하고 마음 아프다. 하지만 나의 가슴 한편에 항상 네가 있단다. 생生이 다하기 전에 너와 나 만날 수 있을까? 너에게 할 말이 태산 같은데, 친구야….'

나의 보물들

"할머니! 며칠 있으면 우리 먼 나라로 이사 가잖아요. 가면 언제 올지 모르는데 할머니도 우리와 같이 가면 안 돼요?"

벌써 아이의 두 눈에 눈물방울이 그렁그렁하다. 내 목을 두 팔로 꼭 끌어 감고 아예 애원을 한다.

"현아! 너는 아빠, 엄마, 그리고 동생과 같이 가잖아. 가족이 4명이잖아. 그런데 혼자 있는 고모는? 그리고 추모원에 계신 할아버지는 누가 지켜 드려야 하지? 고모도 할아버지도 할머니가 지켜 드려야겠지? 때문에 할머니가 너희들과 같이 외국으로 갈 수 없는, 우리나라에 꼭 있어야 하는 이유란다."

내 가슴에 얼굴을 묻고 있던 손녀가 그 말에 이해가 됐는지 더 이상 졸라대지 않는다. 그리고 돌아앉아 슬며시 눈물을 닦는다. 며칠 후에 아들이 먼저 가 있는 독일로 며느리와 두 손녀도 떠났다. 그 일이 엊그제 같은데 벌써 11년이 되어간다.

아이들의 빈자리를 채워보려고 지금까지도 그리움에 전전긍긍하고 있다. 손녀들이 피아노 위에, 책장에, 식탁에, 문짝에까지도 붙여 놓은 뽀로로 캐릭터와 하트모양, 별 모양의 스티커들이 떨어질까 염려하며 수시로 확인한다. 손녀들과의 추억을 간직하려는 나만의 방법이다. 우리 집 욕실에는 아직도 손녀들의 앙증맞은 분홍색 슬리퍼가 나란히 놓여 있다. 주방 벽에 색연필로 그린 낙서도 지우지 않고 그대로 보존하고 있다. 그것들을 들여다보노라면 지나간 손녀들과의 추억이 새록새록 되살아난다.

 남편은 매주 금요일이 되면 큰손녀의 수업이 끝나길 기다리며 학교 앞에서 대기하고 있다가 아이들을 태우고 집으로 온다. 손녀들이 손꼽아 기다리는 금요일이기도 했다. 일요일까지 같이 지내다가 저녁이 되면 아들과 며느리가 아이들을 데리러 온다. 큰손녀는 학교에, 둘째 손녀는 유치원에 보내야 했기 때문이다. 제 어미 아비를 따라가지 않으려고 발버둥 치는 날들이 매번 반복되었다. 가야 할 시간이 되면 두 손녀는 안방 욕실에 들어가 안에서 문을 잠그고 둘이 마주 보며 심각하게 고민하며 의논하는 모습을 보였다. 그때 모습이 아련하다. 결국은 저희들 집에 가야 한다는 것을 알면서도 그랬다.
 해가 지고 까만 밤이 오면 내 방에는 소리도 없이 별들이 몰려온다. 혼자 잠을 자야 하는 할머니가 걱정된다며 두 손녀가 만들어준 별빛 하늘이다. 별들에게 할머니가 잘 자게 해달라고 부탁을 했단다. 두 손녀의 사진이 걸려있는 주변 벽에 크고 작은 여러 모양의 야광 스티커를 붙여놓아 창밖에 불빛이 사라지면 내 방은 수많은 별이 빛을 발해 나를 안심하고 잘 수 있게 지켜준다. 아침 먼동이 트면 별들은 슬그머니 떠나고 잠에서 깨어 눈을 뜨면 두 손녀가 브이 자 손가락을 펴며 할머니를 반겨준다. 그 모습에 나도 꿈인 듯 현실인 듯 웃으며 기분 좋게 일어나 하루를 시작한다.
 직장에 나가는 며느리를 도우려고 큰손녀는 할아버지가 중환에 시달리기 전까지 만 3년을 우리가 데리고 있었다. 그래서인지 아이들은 유난히 할아버지, 할머니를 좋아한다. 외국에 가서도 할아버지 생각을 많이 하고 그리워한다. 길을 가다가 할아버지가 부르는 것 같아 돌아보면 아무도 없었다며 풀 죽은 목소리로 전화를 한 적도 있다.

초등학교 4학년 재학 중에 간 큰손녀는 우리말 우리글의 문법과 경어까지도 완벽한데 둘째 손녀는 한글을 조금씩 배우던 유치원 때 떠나서 걱정했던 대로 우리말과 우리글이 어둔해지고 있다. 그곳 교육에 따라가면서 어린 것이 두 언어를 감당하기 힘들었을 것이다. 안쓰럽고 안타깝다. 앞으로 성장하면서 우리말 우리글을 잘 공부할 거라 믿고 건강하기만을 마음 다하여 기원한다.

아들네는 독일에서 미국으로 이사를 했다. 큰손녀는 작년에 대학생이 되었다. 어떻게 해서라도 시간을 내서 할머니를 보러 오려고 준비 중이란다. 큰손녀는 속이 깊고 정이 많다. 둘째 손녀는 영리하고 활달한 성격이다. 할머니 이름을 안다는 걸 알면서도 괜히 놀리고 싶어서 "할머니 이름이 뭐야?" 하고 물어보면 "박치기"하며 짓궂게 놀려대는 바람에 가족들을 한바탕 웃게 한다. 사랑스러운 나의 보물들!!!

자나 깨나 걸음걸음마다 사랑하는 손녀들이 건강하고 올곧게 성장하기를 바라는 기도가 나의 일상이 되었다.

수필

박 효 진

2019 《인간과문학》 평론 등단.
2020 《에세이문학》 수필 등단
수필집 《너의 이름은》
제11회 매원수필문학상 수상(2024)
인간과문학회 회원
jinnote@gmail.com

박효진

꽃바람 불던 날 외1편

꽃바람 불던 날, 쌍계사 십리벚꽃길을 찾았다. 언젠가 엄마가 했던 말이 생각나서였다. 섬진강 벚꽃이 그리도 좋더라 하면서 기회 되면 쌍계사로 가는 꽃길을 다시 한번 걷고 싶다고 했다.

김용택 시인의 '섬진강-다시 설레는 봄날에'를 읽으면서 엄마가 떠올랐다. "당신, 당신이 왔으면 좋겠습니다"라고 하는데 왠지 나에게 하는 말 같았다. 쿵, 하는 울림과 늦은 후회가 밀려왔다. 뭐 그리 바쁘다고 엄마와의 꽃놀이를 놓친 건지…. 엄마가 하늘로 떠나고 계절은 나에게 아무런 의미가 없었다. 봄이 왔나 싶었는데 어느새 꽃비가 내리고 있었다. 바람이 벚꽃을 데려가는 걸 보니 정신이 번쩍 들었다. 이대로 봄을 떠나보내고 싶지 않았다. 서둘러 섬진강으로 달려갔다.

눈부신 햇살이 강 위로 펼쳐졌다. 시작과 끝을 알 수 없는 강물을 넋 놓고 바라보았다. 내 마음을 다독이듯 강물은 유유히 흘렀고 걸어가는 길마다 꽃자리를 만들어주었다. 몸과 마음이 벚꽃 향기로 가득했다. 눈을 감고 걸어도 다 알 것 같은 길. 자연과 하나가 된다는 것이 이런 것일까, 생각하니 걸어도 걸어도 지루하지 않았다.

1시간쯤 걸었을까. 쌍계사로 가는 표지판이 보였다. 재첩요리식당

들이 하나둘 눈에 들어왔다. 갑자기 시장기가 돌았다. 재첩국을 주문하고 얼마 안 돼 한 상 가득 음식이 차려졌다. 재첩국은 소금으로만 간을 하고 손님상에 낼 때는 미리 썰어 둔 부추를 넣는다. 빛깔이 푸르스름한 국물은 담백하고 개운한 맛이었다.

재첩은 강의 진흙 바닥에 묻혀 사는 손톱만 한 민물조개로, 모랫바닥에서 긁어내어 체로 거르고 모래와 자갈, 빈껍데기 등을 골라낸다. 삶아서 일일이 살을 발라내는 작업까지 더해야 밥상에 오를 수 있는 귀한 음식이다. 산다는 게 다 이런 거구나. 재첩국 한 그릇에도 한 사람이 살아온 이야기가 그대로 담겨 있었다. 일생을 온통 고되게 살다 가신 엄마의 시간도 거기 있었다. 숟가락을 든 손이 파르르 떨렸다. 아직 당신의 삶을 제대로 적어내지 못하는 나는 언제쯤 온전하게 그분의 생을 옮겨 적을 수 있을까. 살점을 입에 넣고 꼭꼭 씹었다. 조그마한 게 단맛이 나면서 쫄깃했다.

식사를 마치고 이정표를 따라 쌍계사로 발걸음을 옮겼다. 혼자 걷는 여행길이 여유로웠다. 평소 봐왔던 것들도 새롭게 보이고 스쳐 지나쳤던 것들도 제대로 드러났다. 같은 빛깔에 비슷한 종류의 꽃들도 가까이 보니 저마다 특색이 있었다. 동백은 잎만 무성하고, 바위틈에선 새로운 생명이 돋아났다.

언제부턴가 엄마는 봄이 되면 눈물이 난다고 했다. 그때 나는 시큰둥했다. 새로운 봄을 얼마나 더 만날 수 있을까, 그 생각을 하셨던 건데 무심히 흘려들었다. 이번 벚꽃을 보았다면 엄마는 눈물 대신 미소를 띠었겠지. 평소 꽃들과 대화 나누던 엄마가 생각나 나도 길에 핀 작은 풀꽃, 평범한 돌멩이한테 말을 건넸다. 내 목소리를 들은 건지 그들도 반응을 보이는 듯했다. 주거니 받거니 하며 나눈 대화에 어느새 엄마도 함께했다.

　쌍계사를 둘러보고 내려오는 길에 등이 굽은 할머니 한 분을 만났다. 뒤뚱거리며 걷는 모습이 어느 날의 엄마 같았다. 부축해 드릴까 했을 때, 할머니가 나에게 먼저 도움을 청해왔다. 자식 일로 기도하러 왔다며 내 팔을 붙잡고 힘겹게 발을 떼었다. 엄마도 자식 일이라면 만사 제치고 성당으로 달려가셨지…. 나는 할머니 손을 꼭 잡았다.

　쌍계사에서 집으로 가는 길에 화개장터에 들렀다. 주인들의 넉넉한 인심은 자꾸만 내 지갑을 열게 했다. 잠깐 머물렀지만 소박하고 따뜻한 시장 풍경에 금세 정이 들었다.

　다시 십리벚꽃길로 들어섰다. 해가 떨어지기 전에 한 번 더 그 길을 눈에 담고 싶었다. 해마다 봄이 되면 엄마와 나는 동네 벚꽃길을 걸었는데, 올해도 당연히 같이할 거라 믿었는데, 엄마는 봄이 오기 전에 멀리 떠나셨고 나에게 꽃길은 그리움이 되었다.

　떠나는 발걸음이 무거웠다. 이런 내 마음을 아는지 모르는지, 바람 불어 꽃잎이 하르르 떨어졌다.

가족의 의미

"애도 안 낳았으면서…."

누군가 속삭였다. 정확히 들었지만 내 얘기가 아니려니 했다. 애를 낳아야 어른이지 하는 말이 다시 들려왔다. 고개를 들고 주위를 둘러보았다. 그 목소리의 주인을 찾고 싶었다.

생리불순으로 결혼 전 산부인과를 찾았다. 검사 결과 배란에 이상이 있었다. 결혼하고 몇 년간 아이가 생기지 않아 치료를 받았지만 의사는 자연임신이 어렵다고 했다. 불임클리닉으로 이름난 병원을 찾아 양구에서 서울까지 혼자서 진료를 받으러 다녔다. 직업군인인 남편은 업무가 바빠 나를 돌볼 시간이 없었다. 인공수정하기까지 꼬박 6개월을 고통과 함께 보냈다. 거기에 병원비까지 나를 힘들고 외롭게 했다. 의료보험이 되지 않는 약값은 터무니없이 비쌌고, 100만 원 남짓한 남편 월급으로는 감당하기가 어려웠다. 경제고에 부딪히고 보니 모두 그만두고 싶어졌다. 병원에서는 국가 지원을 받아보라고 했지만 나는 기초생활 수급자나 저소득층, 외국인 등 어느 하나도 해당되지 않았다. 다행히 인공수정하면서 시술비 일부를 지원받긴 했지만 1회성이었기에 금액이 턱없이 부족했다.

병원에는 아이를 간절히 원하는 여자들로 대부분이었다. 나처럼 형편이 안 되는 임신부도 많을 텐데 왠지 나만 힘들게 느껴졌다. 묵직한 약봉지를 받아들고 병원 문을 나설 때마다 서러움이 복받쳤다. 이대로라면 아이 갖기가 힘들었다. 경제력만 따라줘도 뭐든 극복할 수 있을 것 같았다. 퍽퍽한 국가 지원이 원망스러웠다.

마흔 살이 지나 지인의 권유로 입양을 결정했다. 신청서를 작성하고, 자격 심사 결과를 기다렸다. 두어 달쯤 되었을 때 입양에 관한 교육을 받아야 한다면서 일정표와 함께 건강검진신청서가 도착했다. 입양에 드는 비용은 신청인의 몫이었다. 제출할 서류는 늘어나고, 확정되는 날은 알려주지 않았다. 여자아이를 원했던 나는 언제 아이를 데려올 수 있는지 궁금했다. 모든 심사가 끝나 봐야 안다는 말과 함께 3년도 더 걸릴 수 있다는 답이 돌아왔다. 맥이 풀렸다.

나는 복잡한 서류준비와 까다로운 절차에 질려버렸다. 기관에서는 기약 없는 기다림으로 신청인들을 지치게 만들었다. 꼼꼼하게 심사하다 보면 시간이 늦어질 수도 있다지만 무작정 기다리기엔 앞으로 내 형편이 어떻게 될지 나조차 모를 일이었다. 아이를 데려오겠다는 마음도 내려놓았다.

오래전 대통령 선거에서 한 후보자가 결혼자금과 주택자금 그리고 자녀수당 등을 주겠다는 공약을 내걸었다. 그때 사람들은 허황한 말이라며 무시했다. 그런데 최근 출산 문제가 시급해지면서 그의 공약과 비슷한 국가 지원이 생겨났다. 내가 아이를 갖겠다고 했던 때와 비교하면 지금은 하나라도 더 혜택을 주려는 분위기이다. 당시 이정도만 지원해 줬더라면, 생각하다가 고생했던 기억이 떠올라 고개를 저었다.

귀가 솔깃한 지원사업은 시간이 갈수록 늘어나고 있다. 하지만 내 주위의 비혼을 선언한 이들은 그런 것에 흔들리지 않는다. 아이에게 관심이 없는 건 물론이고, 여전히 혼자가 편하다고들 한다. 결혼한 친구들도 대부분 아이가 하나뿐이지만 지원과 상관없이 더 낳으려 하지 않는다. 경제적인 이유가 우선이겠지만 아이를 낳고, 키우는 과정에서 부딪히는 문제를 무시할 수 없다고 한다. 국가지원만으로 해결될 일은 아닌 것 같았다. 비혼을 선언한 이들을 부정적으로 볼 일만도 아니다.

결혼하면 반드시 아이를 낳아야 한다는 어른들의 생각이 지금은 통하지 않는다. 나는 그것을 수년 전에 거스르면서 어른들한테 걱정을 들었고, '딩크족'이니 하며 무심코 내뱉는 말에 상처를 삭이는 날도 많았다.

문학회에서 아이를 낳아야 어른이라는 말을 듣고 상처를 받았다. 아이는 낳고 싶다고 낳을 수 있는 것이 아니기 때문이다.

미래엔 아이들 없이 어른들만 사는 세상이 될 수 있다고 나라마다 걱정이다. 어쩐지 내가 그것에 한 짐 더한 꼴이 된 것 같아 미안해진다. 언제부턴가 나는 아이를 둔 다복한 가족을 만나면 반갑고, 부럽고, 고마운 마음마저 든다. 이젠 아이를 낳는 것으로도 애국한다고 하지 않던가.

여덟 식구가 복닥거리며 살던 어린 시절, 막내로 태어난 나는 언니들한테 매번 골탕 먹으며 울보로 자랐다. 나를 떼쟁이라고 놀려대고 놀이에 끼워주지도 않아 매일 싸움도 끊이지 않았다. 다섯 자매가 단칸방에 모여 잘 때는 나 혼자만의 방을 갖는 게 소원이었다.

　몇 년 전 남편과 주말부부로 지내면서 그 소원이 이루어졌다. 그렇지만 지금은 언니들과 잠자리에 들 때마다 이불 쟁탈전을 벌이던 그 시절이 꿈처럼 떠오른다. 밥상 앞에서 서로 많이 먹겠다고 젓가락 싸움을 했던, 식구가 많아서 조용할 날이 없었던, 어릴 적 그 추억은 지금 혼밥하는 내 밥상에 그리움으로 다가온다. 여러 사정으로 이제는 둘밖에 남지 않은 언니들, 연락하면 늘 바쁘다고만 한다. 다들 밥은 먹고 다니나 모르겠다. 밥 먹던 숟가락을 내려놓고 핸드폰 속 앨범 사진을 보면서 그리움을 달랜다.

수필

손 준 식

《서울문학》 시 등단, 《인간과문학》 수필 등단
시집 《어느 민들레의 삶》, 《나뭇잎 편지》
영랑문학상 수상
서울문학회, 인간과문학회 회원
'민들레 동아리' 운영
cotla7150@naver.com

손준식
배낭을 메면서 외 1편

언제부터인가, 남녀노소 할 것 없이 손가방이 아닌 배낭을 주로 메고 다닌다. 양손을 자유롭게 사용할 수 있어 편리해 보인다. 가방도 유행을 타는지 모양도 다양하고 크기와 기능도 각양각색이다.

나는 배낭을 메면 몸의 균형이 흐트러지는 것 같아 손가방을 들고 다닌다. 몸이 뚱뚱해서도 그렇지만 어쨌든 어색하다. 등산을 하는 것도 아닌데 무슨 배낭인가 하는 선입견도 작용한다.

그런데 아들이 베트남에서 가방 제조업을 하며 배낭을 만들고부터는 사람들이 메고 다니는 배낭이 예사로 보이지 않는다. 내게 전문가의 식견은 없지만 색상이나 모양, 크기 등을 눈여겨보게 된다.

아들이 사업 시작한 지도 벌써 17년이 되었다. 직장에 다니면서 일본 출장 중에 알게 된 바이어들의 권유로 시작한 사업이다. 희망 하나만 갖고서 무일푼으로 시작한 일이라 처음에는 어려움이 많았을 테다. 일일이 내색하는 성격이 아니어서 꿋꿋하게 잘해낼 거라 믿었다. 참견도 알려고도 하지 않았다.

10년째 되어서야 호치민에 있는 아들의 사업장을 방문했다. 며느리와 작은손녀와 같이 기대를 잔뜩 하고 비행기에 올랐다. 호치민에 내리며 부닥친 후끈 달아오르는 열기에 '아! 이곳이 바로 아열대 동남아로구나' 싶었다. 가만히 서 있기만 해도 숨이 턱턱 막혔다. 가족과 떨어져 이런 곳에서 일하는 아들이 안쓰러웠다.

아들이 운전하는 자동차로 공장에 도착해 찬찬히 이곳저곳을 둘러보았다. 생각한 것보다 공장 규모가 커서 깜짝 놀랐다. 베트남 젊은 여공들이 재봉틀을 밟으면서 빠른 손놀림으로 만들어 내는 배낭이 완성품으로 나왔을 때, 나는 그 배낭들이 손주 자식처럼 느껴졌다.

"이렇게까지 일구느라 얼마나 힘들었을까?" 나는 혼잣말을 흘렸다. 나나 세상 떠난 남편이나 전혀 지원을 해주지 못했는데, 아들은 번듯한 사업체를 일궈냈다. 미안함에 눈물을 떨구었다.

이틀 뒤, 호치민 교외의 관광지를 돌다가 메콩강에 이르렀다. 아들이 "어머니, 처음 와서 얼마 동안은 이 강가에 와서 울기도 참 많이 울었어요." 했다. 순간 전기에 감전된 듯 가슴이 찌릿하고 온몸이 아팠다. 힘들었을 때를 이야기하는 아들에게서 나는 깊은 고독을 읽었다. 그동안 나는 아무것도 모르고 살았구나, 미안한 생각만 자꾸 들었다.

아들은 어려서부터 자기가 해야 할 일은 다른 사람 도움 없이 뚝딱 해냈다. 공부하라고 채근하지 않아도 열심히 했고, 좋은 대학에 합격해서 나를 기쁘게 했다. 와병 중인 아버지를 지극히 보살폈고 아내나 아이들에게도 좋은 모습만 보여주었다. 나는 아들의 성품이 선해서 그런 것이라고만 알았다.

생면부지 타국에서 홀로 얼마나 외롭고 쓸쓸했을까. 아들 성격에 자기 아내에게조차 속내를 비치지 않았을 게 분명하다. 이국땅에서 더위와 싸우며 힘들게 보냈을 것을 생각하니 어미로서 죄인이 된 기분이었다. 그런 것도 모르고 아들이 베트남에서 사업을 크게 한다며 친구들에게 떠벌리기 바빴으니 못난 어미의 우둔함이 부끄러웠다.

베트남에 사업장을 연 지 5년이 지난 어느 날 새벽녘에 아들에게서 전화가 왔다. 추석에 다녀간 지 얼마 되지 않은 터라 무슨 일인가 했다. 자고 일어나니 갑자기 입이 돌아가 얼굴이 삐뚤어졌다며 한마디씩 간신히 말을 이었다. 깜짝 놀란 나는 부들부들 떨었으나 빨리 한국으로 돌아오라는 말밖에 나오지 않았다. 아들이 귀국하기까지 시간이 무척 길게 느껴졌다.

의사는 안면신경마비, 그러니까 구안와사라고 했다. 신경을 많이 쓰면 생길 수 있는데 치료를 꾸준히 받으면 원래대로 돌아온다며 애써 아들과 나를 안심시켰다. 남편을 20여 년 붙들었던 중풍이 아니라서 천만다행이었다. 치료에 집중한 아들은 한 달 만에 치유됐지만 후유증으로 찾아온 얼굴이 뻐근한 증상은 매우 오래갔다. 그리고 12년이 지났다.

아들의 사업이 성공했다고는 해도 생각할수록 가슴 한편이 찡해오는 건 그때나 지금이나 다르지 않다. 생존경쟁의 짐을 지고 외롭게 달리는 가장의 모습이 떠오르기 때문이다. 내가 안쓰럽게 바라보면, 이젠 사업을 반석 위에 올려놓았으니 걱정하지 말고 맘껏 웃으며 살아도 된다고 빙긋 웃는다.

지금은 베트남 사업장 관리를 공장장에게 맡기고 아들은 한국의 사무실에서 주로 일한다. 못난 어미지만 곁에 있고 싶었나 보다. 아들은 나와 같은 아파트 같은 동 바로 옆집에 살면서 하루에도 몇 번씩 얼굴을 본다. 출근할 때마다 내게 하이파이브를 하자고 건너와 귀찮게 툭툭 친다. 내가 바쁘다고 하면 빼먹어도 되련만 그것을 하지 않으면 안 되는 것처럼 아예 출근하지 않을 태세이다. 손바닥이 한 번에 맞지 않으면 짝, 하고 맞을 때까지 '다시'를 외친다. 어느 날엔 약속이 있어서 아들보다 먼저 집을 나섰는데 주차장까지 뛰어나와 기어이 하이파이브를 하고 차에 올랐다. 나는 공연히 투덜대긴 해도 아들이 엄마의 기운을 얻어 하루를 버티려고 그럴 거라 생각하면 얼마라도 해 줄 수 있다.

친구들과 여행 가려고 짐을 챙긴다. 아들이 만든 배낭이다. 가벼운 데다가 멋도 있고 값도 나가 보여서 '명품'을 멘 기분이다. 하긴 명품 아들이 만들었으니 명품인 게 맞다. 손가방과는 사뭇 다르다. 아들이 살아온 삶의 무게를 그 배낭으로부터 온전히 느끼게 된다. 하늘 위에 유유히 떠가는 흰 구름 한 뭉치 담아서 어디라도 갈 수 있을 것만 같다.

끝자락에 서보니

　여름이면 초파리들을 자주 본다. 과일이나 음식물 찌꺼기가 있는 곳에는 어김없이 초파리가 등장한다. 어디에 숨어 있다가 귀신같이 나타나는지. 정말 모를 일이다. 놈이 움직이는 걸 들여다보면 너무나 작은 것이 재빠르기까지 해서 귀엽기만 하다. 사람들은 왜 그리 초파리를 못 잡아 죽여 안달인지 모르겠다. 무슨 병균이라도 옮길 것처럼 꺼려한다. 하수구에서 올라오는 바퀴벌레 보듯이 싫어한다. 이렇게 말하는 내가 비정상일지 모르지만 어쨌든 살려고 날아드는 것이 장하지 않나. 한갓 미물에까지 인정이 묻어나는 걸 보면 나도 인생 종착지에 접어들어 생명이 있는 모든 것에 측은지심이 발동하는 게 아닌가 싶다.

　어릴 적 시골집에 파리가 들끓으면 파리채로 잡고 끈끈이 사다가 붙이고 야단법석을 하였는데, 그 파리와 초파리가 다르긴 해도 지금의 나는 내가 생각해도 우습기만 하다. 밤마다 마루 끝에 켜 놓은 전등불 주위로 하루살이가 달려들어 타 죽는 것을 보면 예전부터 애처로웠다. 그냥 지나쳐도 될 일에 신경이 쓰이다 보니 부처님이 나에게 자비심을 너무 많이 내려주는 것 같다.

　며칠 전 우리 아파트 3층에 살던 캣맘 부부가 이사를 갔다. 아파트 화단에 군데군데 고양이 사료를 놓아주고 비바람 피할 집도 마련해

주던 이들이다. 그 집 아저씨 일하는 곳이 집에서 너무 멀어 가까운 곳으로 이사 간다고 했다. 그 말을 들으니 섭섭함은 둘째이고 고양이 걱정이 앞섰다. 내가 대신해 줄 형편도 아니어서 앞으로를 걱정했더니 한 달에 두 번 정도 찾아와 돌봐주겠다고 했다. 자기들이 오지 않아도 고양이가 영리해서 먹이 주는 다른 곳을 잘 찾아갈 거라고도 일러주었다.

그들이 떠난 뒤 아파트 주변을 돌아다니는 고양이를 보면 신경이 쓰여 플라스틱 통에 물 한가득 담아서 화단 구석에 놓아주었다. 우리 집 강아지 호두 사료도 담아서 놓아주니 마음이 조금 가벼워졌다. 내 마음대로 할 수 있다면, 내 소원은 마당이 넓은 집을 마련하여 들고양이들을 있는 그대로 데려다가 키우고 싶다. 그곳에는 초파리들도 마음껏 날아다녀도 좋다. 내가 길 가다가 간혹 쌀 뻥튀기 과자를 던져주면 하나둘 나중에는 여러 마리가 와서 쪼아 먹곤 하던 비둘기도 배불리 먹으면서 살게 할 것이다. 물론 일개미들도 부드러운 흙집을 지어 평화롭게 안전한 생활을 누릴 것이다. 참, 유기견도 데려다가 행복하게 해 줌은 물론이다.

누가 들으면 허무맹랑한 생각을 한다고 핀잔을 줄지도 모르지만 솔직한 내 마음의 소리이다. 정말이지 생명이 있는 것들을 보면 왜 그리 불쌍해 보이는지 모르겠다. 일종의 병일지도 모른다. 간혹 텔레비전에 소개되는 농장 병아리들을 보면 귀엽다는 생각은 뒷전이고 불쌍하게만 보인다. 저들이 크면 어떻게 될까 싶어서이다. 또한, 낚시하는 장면이 나오면 채널을 돌려버린다. 물속에서 자유롭게 사는 물고기들이 낚싯바늘에 물려 나오는 것이 너무 잔인해 보여서 싫다. 나 역시 고기와 생선을 먹고살지만 이게 무슨 운명의 장난인가 싶을 때가 많다.

 사람 중에도 어렵고 불쌍하게 사는 어린 가장이라든지 나이 들고 병약한 채로 홀로 사는 노인들이 있다. 이들을 보면 가슴이 아프지만 인간이기에 자기 의지대로 어느 정도 헤쳐나갈 수 있고 사회에서 지원도 해 준다. 하지만 동물들은 자기들이 할 수 있는 것이 없기에 더 측은하고 가엽다.

 사춘기 소녀도 아닌 내가 왜 이런 감정에 휩싸여 고민하는 건지 모르겠다. 자연의 모든 생명체는 이치에 따라 살아가게 돼 있다고, 나에게 쓸데없는 걱정 그만하라는 친구의 염려가 아직은 귀에 와닿지 않는다. 황혼의 길 끝자락에 서 있으려니 모든 일이 허투루 보이질 않는다. 저마다 의미가 있어 보이고 사연 없는 대상이 없다. 울적한 내 마음을 흔들어 깨우기라도 하듯 핸드폰 카톡이 울린다. 부산 친구가 보내준 이해인 시 한 구절이다. '인생은 바람이고 구름인 것을' 인데, 내 기분을 알고 있었던 것처럼 절묘하게 끌렸다.

 그래, 이도 생멸이다. 너무 가슴 아프게 생각하지 말자. 바람처럼 구름처럼 지나는 세월에 맡겨버리는 것이 최선일지도.

수필

양 희 진

성신여대 국어국문학과 졸업
2017 《인간과문학》 시 등단,
2024 《수필과비평》 수필 등단
시집 《접속》, 《샤갈의 피안 없는 시간》
한국문인협회 회원, 인간과문학, 아침문학,
봄마루시회 동인
jasmin1125@naver.com

양희진
모든 짝사랑에게

　은이는 다섯 살 먹은 나의 손녀고, 르도는 열네 살 우리 집 갈색 푸들 강아지이다. 은이는 르도를 좋아했다.
　계속 따라다니며 일거수일투족에 깔깔댔다. 하지만 르도는 전혀 관심이 없었다. 관심이 없는 정도가 아니라, 가장 사랑하는 사람을 빼앗아버린 철천지 원수쯤으로 여기는 듯했다. 은이가 나타나는 순간 온몸의 신경이 곤두서서, 전쟁에 나가는 병사의 경계태세가 되어 낙담하고 슬퍼했다. 스트레스가 극에 달했다.
　어느 날 내가 긴 여행을 가고 없는 중에, 르도는 현관에 엎드려 하염없이 나를 기다리고 있었는데 갑자기 은이가 "르도야!" 하면서 들어갔단다. 르도는 그 길로 기절했다. 애타게 기다리던 엄마가 아니고 악마가 나타난 것이다. 놀란 은이도 집에 들어올 수가 없어서 바로 나갈 수밖에 없었다는 후문이 여행지에 있는 내게로 날아들었다.
　"세상에 무슨 강아지가 기절을 다 하냐"
　"어휴, 정말 못 산다."
　사람들은 저마다 한마디씩을 던졌다.
　그 후 여행은 하는 둥 마는 둥 하고 집으로 돌아왔다.
　이처럼 르도의 한 사람을 향한 지독한 사랑은 지극했다. 내 생전 누구한테 이렇게 단 하나의 온전한 마음을 받을 수 있었으랴. 감동스럽기도 하지만 그 애착의 정도가 너무 병적이어서, 일상의 제약을 받을 때는 참으로 힘들기도 하다. 몇 해 전 엄마의 병시중을 들듯이, 요새는 아침저녁으로 주사기로 약을 먹이고, 밥을 안 먹어 말라 갈 땐 애가 타기도 한다. 바야흐로 나는 어느 순간 충실한 집사, 아니 엄마를 보살피듯 극진한 간병을 하고 있었다. 사람이 아니라 다행일 수도 있고, 어쩌면 그 반대일 수도 있겠지만.

아무튼 오늘도 은이의 짝사랑은 계속되고 있다.

멀찍이 피하기만 하다가 은이 발치에 앉아 있기라도 하면 "르도가 나를 지켜주는 거야!"라고 은이는 바로 감동의 소용돌이로 들어갔다. 전에도 낮잠을 자다 깨어났는데 르도가 발치에 앉아 있었다고, 세 살 때의 기억을 얘기하곤 한다. 르도가 짖는 것도 다 아프기 때문이라고. 다섯 살 아이가 이마를 찡그리며 걱정을 했다. 은이가 우리 집에 오면 같이 산책을 나가는데 자기가 르도를 지켜준다며 줄을 잡고 가겠다고 우겨서 줄을 잡고 갔다. 그게 르도는 영 못마땅했는지, 은이를 뿌리치고 나에게 달려들어 안아달라 울었다. 줄을 놓친 은이는 속상해하며 또 이마를 찡그렸지만 그뿐, 더 아기 때도 르도가 왕! 하고 짖으면 다른 아기들은 울음을 터뜨리는데, 은이는 얼굴만 찡그리며 울지 않았다. 르도가 아프기 때문이라고. 은이의 그 사랑은 언제쯤 르도에게 닿을 수 있을까. 르도에겐 사랑을 빼앗아 가는 연적으로만 보이니 은이의 짝사랑은 오늘도 참 애달프다.

아무튼 은이와 르도, 둘 다 끔찍이 사랑하는 나로서는 은이의 짝사랑이 참 안쓰럽고 가엾기만 하다. 물론 손녀를 사랑하는 마음이 더 크지만, 르도는 말 못 하는 짐승이기에 마음이 쓰이는 것도 어쩔 수 없다. 아 누구의 편을 들어준단 말인가. 우리 집에 손녀를 오지 말라고 할 수도 없고, 오면 르도가 힘들고. 요새 나의 딜레마다.

좋아했던 드라마 〈디어 마이 프렌즈〉에서 성재(주현)가 치매가 걸린 희자(김혜자)를 진심으로 사랑하는 걸 보면서, 짝사랑도 저 정도면 정말 아름답다고 느낀 적이 있다. 대개의 모든 짝사랑이 이루어지지 않는 비극으로 끝나는 경우가 많은데, 이 드라마에서의 짝사랑은 참으로 아름다웠다. 어린아이를 돌보듯 조심스러운 손길과 드러내지 않는 따뜻한 배려, 지치지 않고 끊임없이 돌보는 마음은 인간만이 할 수 있는, 인간에 대한 예의가 살아 있는, 진정한 사랑임을 깨닫게 해주었다. 노년의 사랑이어서 더 아름다워 보였을까.

"불행이 있는 곳마다, 신은 개를 보낸다."

프랑스 낭만파 시인 알퐁스 드 라마르틴의 인용구로 시작하는 〈도그맨〉이라는 영화에서, 주인공 더글러스는 인간보다 개를 더 사랑한다. 인간들에게 상처받고 소외된 삶을, 키우는 개들과의 낙원을 만들어 살면서 치유를 받는다.

"인간을 알아 갈수록 개가 더 좋아지는데, 개의 문제점은 딱 하나 인간을 너무 믿는다는 것이다."라고 말하는 주인공의 말이 너무나 이해가 된다.

지금은 우리 은이가 르도의 사랑을 못 받는 짝사랑을 하고 있지만, 언젠가 그 언젠가 은이도 르도와 서로 사랑하는 사이가 될 수 있기를. 그 사랑이 너무 늦지 않기를. 르도에 대한 짝사랑이 지치지 않고 끝까지 아름답기를.

먼 훗날이 지나서도 르도가 자기를 지켜주었다고 기억해 주기를.

모든 짝사랑에게 다정한 위로의 말을 건네고 싶은 밤이다.

수필

이 재 홍

《인간과 문학》 수필 등단
인간과문학 제10회 신인작품상(수필, 2022년)
인간과문학회, 아침문학회 회원
국무총리실 퇴직
md1011@hanmail.net

이재홍

욕망 외 1편

 '욕망 앞에 당당한 서른한 살 가수', 한 대중가요 가수의 거침없는 꿈을 소개하는 기사 제목이다. 화려한 경력을 지닌 가수가 신곡을 발표했는데, 자신보다 젊은 인기 가수와 이미 은퇴한 유명 선배 가수를 음반 제작에 참여시키는 등 심혈을 기울인 음반에 놀라워하며 내놓은 평이다. 가수가 작품의 완성도를 높여 인기를 얻기 위해 음반 제작에 다양한 방법을 사용한 것은 하는 일에 최선을 다하는 모습이다. 기사는 대체로 호평이다. 그런데 가수의 강한 의지를 욕망이라고 표현했다. '욕망'이라는 단어는 부정적으로 쓰는 경향이 있다. 도덕적으로 바람직하지 못하거나 탐욕이나 옳지 못한 마음가짐이 연상되는 말이다. 제목에서 쓴 이 말은 나쁜 의미라기보다는 여간해서는 눈길을 멈추지 않는 독자의 시선을 붙잡기 위해 자극적인 단어를 썼는지 모르겠다.
 사람이 욕망을 갖고 그것을 이루기 위해 최선을 다하는 것은 그 사람이 살아 있음을 증명하는 것이고, 최선을 다하는 모습은 아름답다. 욕망이 세상을 향해 크고 높이 뻗어나면 야망이 되고, 가슴 속에 응결되어 따리를 틀면 욕심이 된다. 야망은 역사의 단초가 되기도 하고, 욕심은 한 인간의 운명에 큰 영향을 미치기도 한다. 세상의 역사나 개인의 삶은 욕망이 펼쳐지는 모습과 크게 다르지 않다.

욕망을 품는 것은 모든 행동의 원동력이 된다. 세상을 앞으로 나아가게 만든 위대한 업적들은 모두 욕망으로부터 비롯되었다. 인간이 하늘을 날고, 불후의 예술을 탄생시킨 것도 인간의 욕망에서 비롯되었다. 그러나, 지나치게 큰 욕망은 시련을 가져와 고통의 원인이 된다. 지나친 욕망을 갖고 거기에 집착하면 개인이나 사회는 욕망의 노예가 된다. 지나친 권력이나 재물에 대한 욕심은 삶을 황폐하게 한다. 작은 요행을 바라는 복권은 잠시의 재미일 수 있으나, 잘못된 기대감으로 하는 도박은 잘못된 욕심일 뿐이다. 간단하고 명백한 이치인데 잘못된 욕심에 빠져 허우적거리는 모습이 흔한 것을 보면 만물의 영장이라는 인간의 지혜가 우습다. 국가도 다르지 않다. 수많은 전상자를 내고 끊임없이 불행을 야기시키는 우크라이나 전쟁과 팔레스타인 전쟁도 지나친 욕망에 기인한 것이다. 두 개의 전쟁을 보노라면 문명사회에 집단지성이 존재한다는 사실이 믿기지 않는다.

지인들과 《데미안》에 대한 독후감을 얘기하다가 욕망을 본 적이 있다. 주인공 싱클레어가 데미안의 어머니 에바 부인을 만나는데 서로를 마치 연인처럼 그려 놨는데, 왜 그런 모습으로 묘사했는지 궁금하다고 했다. 그러자 한 여성이 "뭐가 이상하냐? 서로 좋으면 여자가 적극적으로 사랑의 감정을 표시할 수도 있지 않느냐?"라고 의견을 말했다. 그녀는 이성 간에 서로 좋아하는데 나이 차이가 중요한 걸림돌이 되는 시대는 아니고, 감정에 솔직한 것이 중요하다는 생각인 듯하였다. 내가 정작 부자연스럽게 느낀 것은 에바 부인이 친구의 어머니라는 신분인데, 이 또한 사랑의 감정을 막을 이유로는 부족하다는 투였다. 나는 그녀의 대답에서 거침없는 중년 여인의 욕망을 보았다. 상식과 어긋난 욕망은 갈등과 좌절의 원인이 된다. 어디까지가 적절하고 사회적 관행과 조화로운 수준인지 살피는 것은 쉽지 않다. 지나친 욕망은 어떤 문제를 역지사지의 마음으로 생각하고, 마음을 비우고 보면 쉽게 살필 수 있다. 욕망이 모두 불결한 것은 아니겠으나, 그렇게 직설적으로 나타내는 것에 나는 아직도 익숙하지 못한 것 같다. 혹시 나도 나이가 들었다는 것을 핑계로 욕망을 함부로 드러내지는 않은지 조심스럽다.

　욕망은 우리가 모두 추구하는 행복과도 밀접한 관계가 있다. 나의 젊은 시절은 미래의 꿈을 향해 매진하는 삶이었다. 바쁜 길에 길섶은 보이지 않았다. 삶이 팍팍하고 힘겨운 젊은이에게 보이는 것은 하루라도 빨리 경제적 자유를 이루는 일과 사회적으로 안정적인 위치에 다다르는 일이었다. 그때의 미래를 위한 꿈은 소망과 욕망이 뒤섞였다. 소박한 나의 야망은 내가 뛰어야 할 명분이었고, 가는 길에 만난 어려움을 이겨내기 위한 버팀목이었다. 장년까지 열심히 뛰고서야 주위가 보이기 시작했다. 예전에는 의심의 여지가 없던 욕망들에 회의가 점점 늘어났다. 그때, 그 욕망이 정말로 의미가 있었을까? 굳이 제행무상諸行無常이라는 이치를 빌리지 않아도 숱한 욕망의 태반이 부질없음을 깨닫게 되었다. 그때부터, 내 삶은 욕망을 조절하는 과정에 들어가게 되었다. 매사에 욕망을 줄이고, 주어진 것에 만족하고 사랑하려는 마음 자세를 갖게 되었다. 소박한 욕망으로, 그동안 가정 밖으로만 향하던 시선 때문에 소홀했던 가족에게 마음의 빚을 갚아야겠다. 그리고 내 주위분들에게도 뭔가 기여할 수 있으면 좋을 텐데, 이젠 나눌 수 있는 것이라고는 마음뿐이다. 세상을 대하는 시선을 낮추니 욕망과 현실 간의 간극이 줄어들었다. 그

동안의 모진 마음이 많이 누그러지고 냉정한 시선에 온기가 늘어난 것 같다.

욕망은 결핍의 씨앗이 되고, 뒤이어 고통을 가져온다. 욕망을 최소화하면 그만큼 행복에 다가가는 것인가? 욕망이 절제된 삶은 열정의 힘이 약해진다. 삶의 기쁨과 슬픔 모두 서리 맞은 초목처럼 풀이 죽고 색이 바랜다. 고통이 옅어지는 마음 한구석에서는 지루함이 스멀스멀 피어난다. 이것이 삶인지 모르겠다.

아파트살이

나는 평일에는 아침 운동을 한다. 아파트단지 내 트랙을 걷거나 단지 외곽 길을 두세 바퀴 돈다. 이른 시간에는 젊은이는 드물고 중년과 노인들이 대부분이다. 오늘은 일요일이라 운동이 아니라 마지막 늦가을의 모습을 감상하고 전송하기로 했다. 천천히 걸으며 마지막 남은 단풍잎을 떨구고 이제는 완연한 초겨울 모습인 정원을 둘러본다. 잠들었던 몸을 깨우고 하루를 준비하는 아침 산책은 상쾌한 하루의 시작행사로 안성맞춤이다.

나는 느긋이 아침 산책을 할 때면 발길이 우리 아파트단지를 벗어나 동네의 이웃단지까지도 미친다. 우리 단지는 나이가 열네 살이고, 옆 단지는 세 살이다. 두 단지에 사는 정원수 나이도 다르고, 우리 아파트는 수목 중심으로 조경이 되어 있는 반면에, 젊은 아파트단지는 키 큰 나무와 함께 키 낮은 화살나무, 불도화, 삼색 버들 등과 억새, 외래 강아지풀 등 이름 모를 관상용 풀도 많이 심어져 있다. 나는 목백합 나무의 노란 단풍을 좋아하는데 이미 다 졌다. 목백합은 가지가 많지 않고 잎은 시골 색시 같이 수려하다. 키 큰 나무에 드물게 봄에는 노란 꽃도 피운다. 목백합 잎이 진 정원에는 마가목 빨간 열매가 자태를 뽐내고 있다. 정원 중간쯤 노란 단풍이 아침 햇볕에 빛난다. 팽나무다. 저 나무는 어디에서 살다가 여기까지 왔을까? 사람들이 이사를 많이 하다 보니 시골 산기슭의 팽나무도 서울 아파트 정원에까지 이사 왔나 보다. 나는 멋진 팽나무 자태를 볼 수 있어 좋고, 팽나무는 한 해 동안 키운 자기 자태를 뽐낼 수 있어 좋아할 것 같다. 정원 연못가에 심어진 억새가 활짝 피었다. 인공 연못이라 좀 어색하긴 해도, 연못가의 억새는 늦가을을 알리는 전령으로 잘 어울린다. 정원에는 시골 산기슭에서 온 나무, 갖가지 외래종 화초들이 잘 어울려 살고 있다. 보기에 좋으니 그들도 즐거웠으면 좋겠다. 아파트에 살면 정원을 쉽게 즐길 수 있으나, 정원을 가꾸는 즐거움은 잃고 산다. 얻는 것이 있으니 잃는 것도 있는 것이 세상 이치인가 보다.

정원은 사철 주인공이 바뀐다. 여름 내내 자태를 뽐내던 배롱나무는 가을이 되면 단풍나무에 윗자리를 내주고, 이제는 빨간 산수유와 노란 모과가 그 자리를 메꾸고 있다. 계절에 따라 달라지는 정원의 모습이기에 산책하는 이의 시선을 계속 끌 수 있다. 나무도 사람도 끊임없이 새로움을 주어야 보는 이의 시선을 끌 수 있다. 아름다움을 향한 끊임없는 경쟁은 세상을 아름답게 하겠지만, 경쟁을 이겨내야 세상에 살아남을 수 있는 존재들에게는 끝없는 다그침이다. 나무는 더 아름다워지려 조바심 내지 않고, 새싹에서 단풍까지 자신이 가진 만큼만 보여주면 되는 삶이라 다행인지 모르겠다.

이제 대도시에는 예전의 산동네와 꼬불꼬불한 골목길은 드물다. 예전의 봉천동이나 미아리 같은 비탈진 언덕의 산 동네도 언제부터인지 대규모 아파트단지로 변모되었다. 전 국민의 반 이상이 아파트에 거주한다고 하니 후일의 역사가는 이 시대를 아파트 전성시대로 기록할 것 같다. 아파트 문화는 우리 삶을 많이 변화시켰다. 한 건물 안에 이토록 많은 세대가 밀집하여 살아본 적이 예전엔 없었다. 이렇게 가까운 이웃이 서로 단절된 채 살아본 적도 예전엔 없었다. 공동 주택에 서로 간의 이해나 정은 찾아보기 어려워졌다. 예전 서민 아파트에는 대문 앞에 가 초인종을 누르면 그 집을 방문할 수 있었다. 요즘은 아파트는 출입카드가 있어야 들어갈 수 있다. 예전 시골집은 안방 앞까지 누구나 갈 수 있었으나 지금은 이름을 확인해야 건물 안에 들어갈 수 있다. 눈에 보이지 않는 담을 쌓고 사는데 모두들 당연하게 여긴다. 나는 이웃과 사이가 좋지도 나쁘지도 않다. 그런데 여러 해 이웃으로 살면서도 승강기 앞에서의 간단한 인사가 전부다. 그들의 출근하는 시간이 내가 책 보러 가는 시간보다 이르고, 오후에는 늦게야 퇴근하니 얼굴을 대할 기회가 한 달에 고작 한두 번이다. 그들과 삶이 너무 다른 것 같아 옆에 다가가서 차 한잔하자고 제안할 용기를 내지 못하고 산다. 이것이 요즘 서울살이의 형편인가 싶다.

1960년대 이후 서울에서 살아온 분들은 서울의 주거 문화 변화를 고스란히 겪었다. 나는 농촌에서 어린 시절을 보내고 1970년대 초에 서울 시민이 됐다. 그 당시 강북 문안에는 가회동 같은 번듯한 기와집 동네와 비탈진 동네의 좁은 골목길을 지닌 사직동이 이웃 동네였다. 강남은 개발 초기였다. 신혼의 젊은이나 서민들이 주로 살던 잠실의 10평 내외 서민 아파트는 오늘날 부촌 아파트로 바뀌었다. 50여 년 만에 서울의 주택이 변한 것을 보면 그야말로 상전이 벽해가 되었다. 주택이 한옥에서 아파트로 바뀌는 것과 함께 이 시대 가족들의 모습도 함께 변했다. 나는 한옥의 작은 방에서 네 명의 형제자매가 함께 자랐다. 우리 형제들은 함께 자라면서 때론 오순도순 잘 지내기도 하고, 때로는 아옹다옹 다투기도 했다. 형제가 함께 자라면 상대를 배려하는 지혜도 생기고 양보와 어울려 사는 눈치도 배운다. 요즘 가정은 아이가 한 둘뿐이고, 아예 없는 집도 많다. 아이들은 자기만의 방을 갖게 되었다. 어릴 때부터 내 방을 갖고 사는 아이는 내 방, 내 것에 관한 의식이 강해진 대신 '우리'라는 공동체 의식을 느낄 기회가 적다. 나는 형제가 많아 우리 아이들에게 삼촌, 고모가 있으나, 외동이 집 아이들은 삼촌이나 고모가 없으니 친척에 대한 감정이 없다. 나와 타인만 있고, 중간지대인 친척은 점점 사라진다. 정과 공동체 의식을 바탕으로 한 따뜻한 사회적 관계는 사라져가고, 계약을 바탕으로 한 차가운 관계가 일반화된다.

　나의 서울 생활은 학교와 직장을 함께 다니며 시작되었다. 아현동 구옥 단칸방에서 시작한 자취는 엉망이었다. 살을 에는 듯 추운 겨울에도 연탄불을 꺼뜨리기 일쑤였다. 학우들과 어울려 늦은 시간까지 술이라도 한잔하는 날 집에 가면 연탄불은 거의 꺼져가는 시간이다. 추운 방에서 움츠리고 자고, 이튿날은 얼음같이 찬물에 세수했다. 구옥들은 단열이 안 되어 연탄을 피워도 방 윗목의 자리끼는 아침이면 얼어 있기도 했다. 서울의 오래된 동네의 주택들이 연립주택으로 바뀌면서 서민들의 자녀들이 자기 방을 갖는 호사를 누리게 되었다. 그러나, 연립주택은 집들 간에 충분한 공간 없이 붙여 짓다 보니 채광이 안 좋고 통풍도 안 되었다. 적어도 수십 년 사용할 주택을 그렇게 열악하게 지어서는 안 되는데, 그 당시 사회 여건은 주택 수요는 크게 늘었는데 경제력은 그에 미치지 못하다 보니 열악한 주택이 나타난 것이었다. 주택가마다 불던 연립주택 신축 붐이 얼마 못 가 신도시가 조성되고 신도시에는 대규모의 아파트가 들어섰다. 초기에 지어진 아파트는 소형이고 건자재 품질도 좋지 않았으며, 나 같이 집 없이 서울에 입성한 신혼들이 많이 살았다. 그 후 경제 발달과 함께 아파트 평수가 커진 목동, 분당과 일산의 대규모 아파트는 중산층의 대표적 주거지가 되었다.

아파트는 태어나서 세월이 지나면 늙어간다. 아파트에 사는 사람들도 함께 늙어간다. 아파트가 젊을 때는 입주민도 젊어 놀이터에 어린이들이 넘쳐난다. 그러다가 아파트가 10살, 20살이 되면 입주민은 중년을 거쳐 노년이 되어 간다. 젊은 아파트 주변에는 어린이와 젊은이가 자주 찾는 음식점이나 가게가 많으나 노인이 많아지면 가게들도 늙어가 노인용품 가게가 늘어난다. 세월은 참 무섭다. 세월은 세상 모든 것을 변화시킨다.

아파트가 늙어가면, 나도 더 나이 들 것이다. 경기가 좋아지면 아파트는 멋진 모습으로 재건축될 것이다. 100세 시대를 사는 내 인생은 재건축할 수 없으니 리모델링이라도 준비해야 할 것 같다.

수필

이 중 섭

2019 《인간과문학》 단편소설 등단
장편소설 《포토타임》
단편소설 《직박구리가 사는 은행나무》
choin264@naver.com

이중섭
국민 체력 인증제

　요즘 나이 든 사람들의 재취업이 많아졌다. 재취업 시 가점 사항으로 첨부하는 서류가 생겼다. 바로 '국민 체력 100 평가' 인증서다. 며칠 전에 급히 이 인증서가 필요했다. 원서 접수 마감일이 며칠 남지 않아 마음이 급해졌다. 서울에 있는 인증 센터 열 군데를 알아보니 모두 말일까지 마감이었다. 다행히 한 인증 센터에서 한 명이 취소한 것을 발견했다. 급히 전화해 접수했는데 하필 다음 날 4시였다. 너무 촉박했다.
　무슨 종목을 어떻게 측정하나 살펴보았다. 연령대 등급별로 강도와 횟수가 나뉘었다. 60대를 기준으로 살펴보니 측정 종목도 많고 강도도 셌으며 횟수도 생각보다 많았다. 주눅이 들었다. 운동하지 않은 지가 거의 십 년이 되었다. 가장 힘들어 보이는 20m 왕복 오래달리기는 1등급이 26회였다. 왕복이니 40m를 26회 달리면 1,040m다. 몇 분 안이라고 명확히 적혀있지 않았다. 혹 초반에 측정하면 종목이 많아 체력이 바닥이 날 것이 확실했다.
　제자리멀리뛰기는 170cm가 1등급이었다. 이 종목은 어릴 때부터 자신 있었다. 하지만 무리하면 허리를 다칠 것이 뻔했다. 불안했다. 나머지 종목을 살펴보니 당장 내일 체력측정을 하면 1등급은 힘들 것처럼 보였다. 그래도 머릿속에서 쌓인 오랜 거만이 최소한 3등급은 할 수 있을 거라고 부추겼다. 여전히 마음이 싱숭생숭했다.

 이제 이른 노인의 나이가 되니 제약하는 것들이 많아졌다. 아마도 체력이 가장 먼저인 듯싶었다. 가벼운 한숨이 새어 나왔다. 평소에 게으름 피우지 않고 꾸준히 운동할 걸 하는 아쉬움은 이미 늦었다. 당장 내일이다. 마음탓인지 오후부터 꾸물꾸물 비구름이 모여들었다.

 밤에 옥상에 올랐다. 아직 비는 내리지 않았다. 몸을 푼 후에 제자리멀리뛰기를 했다. 살짝 뛰어보니 150cm 정도 나왔다. 힘껏 뛰고 싶어도 허리를 다칠까 봐 걱정되었다. 대여섯 번 해 보니 잘하면 1등급도 나올 것 같았다. 단, 허리를 아주 많이 조심해야 했다. 그다음은 윗몸 앞으로 굽히기를 해 보았다. 아뿔싸, 손끝이 바닥에 닿지 않았다. 몇 번 힘을 줘 배를 당기고 고개를 깊이 숙이니 겨우 손끝이 바닥에 닿았다. 하지만 오금이 심하게 저렸다. 연습은 조심히 하고 측정할 때 한꺼번에 확 몸을 써버린 후에 며칠 통증에 시달리자 마음먹었다. 또 다른 종목인 윗몸일으키기는 잘못하면 허리를 다칠까 봐 엄두가 나지 않았다. 연습조차 하지 않았다. 연습하는 것마다 허리 근육이 약해졌다는 징후를 보이고 있었다. 이 종목도 윗몸 굽히기처럼 할 생각이었다.

 다음 날, 아침에 일어나니 온몸이 쑤셨다. 천천히 몸을 움직여 굳은 몸을 풀었다. 경직된 다리와 허리 근육이 느슨해진 느낌이었다. 종목마다 합격선 점수를 찍어 스마트폰에 저장했다. 측정 종목을 시작할 때마다 미리 보고 판단할 생각이었다. 미끄러지지 않게 면양말에 운동화를 신고 전쟁터로 향했다.

 2인 1조로 체력 테스트를 했다. 짝이 된 녀석은 서른다섯 살 정도 보였다. 키도 컸다. 이전 평가에서 일 등급이 나오지 않아 다시 받는 다고 했다. 먼저 심폐 지구력 테스트인 스텝 검사를 시작했다. 앞에 상자를 놓고 거기에 한 발을 올린 뒤에 다른 발을 올리고 다시 내려오는 반복 동작이었다. 3분 동안 동작을 한 후에 검사기를 손에 들고 회복력을 측정했다. 2분을 넘어 3분째 되니 땀이 나고 호흡이 가빠지면서 머리가 살짝 어지러웠다. 며칠 과로했더니 이석증이 도졌나 싶어질 정도였다. 나중에 결과를 보니 3등급을 아슬아슬하게 넘겼다.

두 번째는 악력 테스트, 좌우 손에 두 번의 기회가 주어졌다. 악력기를 잡자 힘을 쓸 수 없을 정도로 착용감이 없고 미끄러웠다. 이번에는 어렵겠다고 느낄 정도였다. 힘껏 힘을 줬지만 마찬가지였다. 나중에 보니 1등급을 넘었다. 의외였다.

세 번째는 민첩성 반응이었다. 기계 앞에 서 있다가 삐, 울리는 신호음에 얼른 두 발을 양옆으로 재빨리 옮기는 동작이다. 세 번의 기회가 있었다. 그런대로 괜찮았다. 1등급으로 통과했다. 아직도 젊었을 때의 순발력이 남아있는 듯해 나도 모르게 슬그머니 웃음이 흘러나왔다.

"어, 두 분 좋아요. 비슷하게 잘하고 있어요!"

둘의 나이에 비례해 등급이 좋다는 격려 말이었다. 담당자가 자신감을 주니 절로 힘이 났다.

다음은 제자리멀리뛰기다. 젊은 친구는 한 번에 붕 뜨더니 2m 40cm를 넘었다. 나도 젊었을 때 저 정도 뛰었지. 보이는 것이 없던 시절이었어. 지난날의 회상에 빠져들 새도 없이 바로 내 차례였다. 170cm를 뛰면 1등급이다. 더 원하지도 않는다. 다만 허리를 다칠 수 있으니 조심해야 한다. 문득 준비해 간 복대가 떠올랐다.

"혹시 복대 차도 괜찮나요?"

첫 번째 시도에서 180cm가 나왔다. 담당자가 한 번 더 뛰라고 했다.

"저는 그냥 이것에 만족하렵니다. 힘을 남겨야 할 것 같아서요."

앞으로 측정해야 할 것이 상당히 많았다. 측정 담당자는 2m는 뛸 것 같은데 한 번 더 뛰어 기록을 높이라고 권했다. 무사히 통과하는 데 만족한다고 말했다. 담당자가 고개를 갸우뚱했다.

다음은 윗몸일으키기. 젊은 친구는 1분에 단번에 60개를 했다. 역시 젊음이 좋다. 확실히 내가 늙기는 늙은 모양이었다. 얼른 스마트폰을 꺼내 등급별로 횟수를 살폈다. 최고 등급이 31개, 그리고 3등급은 19다. 불안한 그 순간 복대가 머릿속을 스치고 지나갔다. 그렇지, 허리 부상을 줄일 수 있을 거야. 복대를 차니 허리에 탄탄한 느낌이 왔다. 천천히 몸을 일으켰다. 다섯, 여섯, 일곱을 지나 열 개를 넘기니 이마에서 땀이 쏟아지기 시작했다. 그래도 설마 내가 이십 개를 못 하겠어, 하며 힘을 내는데, 갈수록 몸이 말을 듣지 않았다. 점점 한 개를 하는데도 낑낑댔다.

"여기서 관두면 지금까지 기록 다 필요 없어요. 하나라도 합격선 아래면 탈락입니다."

아, 머리가 핑 돌고 몸은 말을 듣지 않았다. 다리에 힘을 줄 수가 없다. 몸의 하체와 상체가 따로 놀았다. 사람이 발목을 잡아주면 서너 개는 더할 것 같았다. 그런데 지금은 이상하게 허리를 쓸 수 없었다. 겨우 15개를 했다. 갑자기 3등급 합격선이 몇이었는지 가물거렸다. 16개인가 19개인가. 이미 내 머릿속에서는 점차 16개로 받아들이고 있었다. 그래, 하나만 더 하면 16개다. 최소한 3등급이 어디야. 하나만 더 하자며 몸을 일으키자 딱 60초가 되었다. 숨을 헐떡이며 뒤로 널브러졌다.

"아하, 아깝네요. 힘 좀 내시지!"

짧은 순간에 어떻게 19개 합격선이 16개로 바뀌었는지, 그래 놓고도 마음속으로는 최선을 다했다고 만족하는 자신이 왠지 슬펐다.

'네가 이러니 안 돼. 무슨 일이든 꼭 마지막에 진이 빠져 좋은 결과를 못 냈잖아. 잘하다가 왜 꼭 마지막을 못 넘겨. 맨날 세상이 너를 비껴가는 것처럼 징징대지만 생각해 보면 네가 집념과 땀이 부족했던 거야. 너는 평생 이렇게 살아. 세상 욕하지 마!'

머릿속에서 꾸짖는 소리가 윙윙, 한없이 울리고 있었다.

일어나 땀을 닦았다. 남은 힘이 하나도 없었다. 왕복 달리기를 어떻게 하나? 내 걱정을 안다는 듯이 담당자가 말했다.

"어르신 연령대는 왕복 달리기가 없습니다. 오늘 다 끝났습니다. 수고하셨습니다."

나는 멍하니 체력측정 담당자인 젊은이를 쳐다보았다.

합격증서 대신 참가증을 움켜쥐고 터벅터벅 집으로 돌아왔다. 저녁밥을 먹을 힘도 없었다. 목이 타는지, 허탈해서인지 텁텁한 막걸리 생각뿐이었다. 마트에서 큰 통의 막걸리를 한 병 샀다. 큰 잔에 부어 벌컥벌컥 들이켰다. 서서히 얹힌 가슴이 뚫리는 기분이었다. 석 잔을 먹고 나니 그제야 갈증마저 가셨다. 스스로 오늘 하루 고생했다고 위로하며 마지막 잔을 들었다. 오랜만에 마신 막걸리 때문인지 기분이 느긋해지며 머리가 해롱거렸다. 해롱거리는 머릿속으로 빛나는 문구 한 줄이 휘리릭 지나갔다. 얼른 볼펜을 들고 벽에 걸린 달력에 메모해 놓았다. 한밤중에 목이 말라 거실로 나왔다. 술기운에 달력 여백에 끼적거려 놓은 글이 눈에 들어왔다.

'정작 최선을 다하지 않았으면서 머릿속으로는 최선을 다한 것처럼 만족하지 마라!'

체력측정 인증에는 실패했지만 빛나는 글귀를 한 줄 건진 하루였다.

수필

차 지 윤

2022 《인간과문학》 수필 등단
에세이집 《시시한 시간 속에서》
네이버 프리미엄콘텐츠 채널 〈시시한시간時時閑時間〉 운영 중
온라인 미니북 플랫폼 '유북(YouBook)' 초청 작가
queensway21@naver.com

차지윤
거울 셀피 외 1편

　거울 셀피가 유행이다. 거울에 비친 자신의 모습을 후면 카메라를 이용해 찍는 것이다. 피사체에 내 흔적이 비쳐 들어가면 실패작이라 여기며 삭제하기 급급했다. 그런데 저걸 과시하듯 찍는 사람들의 심리는 무엇일까? 공주병 왕자병 연예인 병 뭐 그런 것에라도 감염된 것인가?
　거울에 비친 모습은 실물보다 예쁘게 나오는 경우가 많다. 착시 효과를 내는 거울이 많아서이다. 좌우반전된 거울 속의 낯선 모습에서 실제 익숙한 자기 모습과는 다른 매력을 느끼기 때문이라고도 한다. 이건 좀 이상하다. 거울이 아니면 실제 내 모습을 어디에서 본단 말인가. 나르시스처럼 호수에 얼굴을 비쳐볼 것이 아니라면 말이다.
　거울에 비친 내 모습과 사진 속 내 모습이 달라 좌절한 적 많았다. 거울 셀피를 찍는 사람들은 거울 속에 비친, 현실보다 더 멋진 모습의 자기를 찍어 저장하고 싶은 것인가 보다. 물속에 비친 자기 자신을 사랑한 나르시스처럼 스스로를 사랑하기로 한 건지도 모르겠다.
　나르시시즘. 아무도 나를 사랑하지 않아 내가 나를 사랑하기로 했다. 이렇게 멋지고 아름다운 나를 외롭게 방치해 버리는 세상을 향해 반기를 들어 나는 나를 스스로 기록한다. 뭐 이런 것일까? 거울 셀피를 남기고 싶어 하는 사람들의 마음은.

내 모습을 찍어주는 사람 없이 오직 내가 나의 모습을 찍는다. 거울 앞에 서서 스스로 생각하는 가장 멋진 포즈와 표정으로 찰칵! 오늘 가장 젊은 날, 아름다움이 젊음으로만 측정되는 것은 아니겠지만 젊음이 아름다운 건 인지상정이니 내일보다 젊은 오늘을 기록한다.

카메라 든 손을 길게 뻗어 피사체와의 거리를 되도록 멀리하고 고개는 도도히 치켜들고 눈을 최대한 크게 뜨고… 기존의 셀피를 찍는 방식으로 찍을 필요가 없다. 그저 거울 속에 비친 내 모습을 카메라에 담으면 된다. 손을 얼굴 아래로 내리고 휴대 전화 화면을 보기만 하면 되는 것이다. 미소 짓는 것보단 조금 시크한 표정이 거울 셀피에는 제격이다. 일반 셀피로는 전신 샷을 담을 수 없지만 거울이 있으면 가능하다.

앞뒤 양쪽으로 거울을 세우면 뒷모습도 찍을 수 있다. 누구의 도움 없이도 이 순간의 나를 기록할 수 있다. SNS 인플루언서의 모습을 흉내 내 거울 셀피를 찍어본다. 이게 뭐람? 결과물이 흉물스럽기 그지없다. 누구에게 보여줄 것은 아니지만 내가 갖고 싶지도 않다. 삭제.

바다라고 다 같은 바다가 아니고 산이라고 다 같은 산이 아니다. 동해인 포항 앞바다와 서해인 강화 앞바다가 같지 않고 호수같이 잔잔한 신안 앞바다와 수평선에 걸리는 것 하나 없는 부산 앞바다 또한 사뭇 다른 느낌이다. 생긴 대로 살아야지. 유행하는 것을 따라 해 보다 그들과는 삶의 방식과 취향이 다른 나를 다시 한번 발견한다. 거울 속의 나는 참 '나'가 아니다. 거울과 렌즈 이중의 장치를 거쳐 만들어진 내 모습이 공허하여 초라하다.

거울 셀피보다는 "거기 서 봐, 치즈~" 하며 셔터를 눌러 주는 친구가 그립다. 자기 안에 갇힌 나르시시즘은 곧 스스로를 파멸로 이끈다. 나만 사랑하는 나, 그 끝에 무엇이 있을 것인가.

외롭지만 외롭고 싶지 않다.

돌고래 점프

까만 스피커 가운데에서 주황색, 연두색 형광 원 둘이 정신없이 돌아간다. 아싸 아싸 아싸 추임새 넣어 녹음된 트롯 곡은 원곡보다 훨씬 빠르고 신나게 편곡되어 있는 게 분명하다. 회원들이 노래를 따라 부르며 신나게 움직인다.

"점프 점프 높이 높이, 하나둘 하나둘"

강사의 구령에 맞춰 일제히 물 밖으로 뛰어오른다. 착지의 순간 튀어 오르는 물방울의 수만큼 켜켜이 쌓인 지방과 스트레스를 날려버리려는 듯 온 힘을 다해 솟구친다. 몸은 맘 같지 않아 얼마 뛰어오르지도 못하지만 맘만은 태평양 바다 위를 높게 뛰어올랐다 직하강 하는 돌고래다. 그 매끈한 피부와 우아한 자태. 쭈글쭈글 탄력 잃고 주름 잡힌 피부와 엉거주춤 구부정한 모습은 내 눈에 보이지 않으니 나도 그저 한 마리의 돌고래가 된다. 이 순간은.

아쿠아로빅 강습 시간의 모습이다. 허리가 아파 재활의 목적으로 선택한 운동이 아쿠아로빅이다. 첫 수업 시간부터 난관이었다. '우리가 남이가.'라는 어르신들의 세계관이 버겁다. '우리는 오늘 처음 보앉거든요. 남이라고요. 내가 뭘 하든 무슨 상관이세요?' 그건 내 생각이고 그들의 세계관은 다르다. 수업 첫날부터 "계속할 거제? 그라믄 카운타에 회비를 내고 가라" 하신다. 등록비를 다 냈는데 또 무슨 회비? '회 따위는 가입하고 싶지 않아요.' 속으로만 외친다. 아. 모여서 뭘 하길래 만나자마자 회비 타령인가.

  몇 회 차 되지 않아 복장을 지적당했다.

  "그런 거 쓰면 안 된다."

  "예?"

  수영장에서 수모를 쓰지 않으면 뭘 쓰나? 실리콘 수모는 안 된단다. 머리가 조여 아프단다. 내가 괜찮은 데 뭐가 문제란 말인가. 하긴 둘러보니 모두들 천으로 된 꽃모자 아니면 모기장 같은 망사 모자를 쓰고 있다.

  혼자 튀는 건 싫어 백화점 수영복매장에 들렀다. 아쿠아로빅 모자를 찾는데 비슷한 것이 없어 인터넷을 뒤졌다. '아쿠아 세상은 꽃천지구나. 꽃 모자만 아니면 돼.' 간신히 주름 잡힌 천모자를 구했다. 내 스타일은 아니지만 공동체에서 내 스타일 따위는 의미 없다. 그저 꽃 모자만 아니면 돼. 그걸로 다행이야.

  아쿠아로빅 강습 시간은 늘 활기차다. 손자뻘의 강사가 입꼬리 처질 새 없는 미소로 어르신들을 반긴다. 중년의 나이가 무색하게 그 속에선 나도 새댁이다.

  뻣뻣해진 몸으로 땅에선 할 수 없는 동작들이 물속에선 가능하다. 점프도 달리기도 자전거 타기도…. 몸 상태가 서로 비슷한 처지이니 못한다고 주눅들 필요도 없고 남 눈치 볼 필요도 없다. 태권도 선수처럼 킥하고 김연아처럼 턴 하고 돌고래처럼 점프하고. 평소 하지 못했던 동작들을 하며 저마다의 응분을 날린다.

　무심한 세월이 나를 요렇게 만들었나. 무정한 사람이 나를 이렇게 만들었나. 발끝에 얄미운 이들, 서운한 감정을 담아 날려 보낸다.

　"아얏."

　함성이 너무 커서 이웃 아파트단지에서 항의가 들어온단다. 다들 어디서 저런 기운이 나오는 건지 소심한 나는 속으로만 '아잇'하고 외쳐본다.

　안 할 거면 몰라도 이 클래스에 남으려면 어르신들과 동화되어야 한다.

　일부러 과장된 몸짓으로 비틀거리고 아쿠아 봉을 놓쳐 물에 빠지기도 하면서 나름 애쓰고 있다는 모습을 보였다. 어느 순간부터인지 고참 회원들이 경계를 풀고 친근하게 대하신다. 키가 작으니 다음부턴 요기 서라며 강사하고 가까운 앞쪽 자리를 내주신다. 신입회원에겐 언감생심인 자리이다.

　흘러가 버린 세월은 젊음도 건강도 앗아갔지만 아직 끝이 아니다.

　내일을 위해 존엄한 끝을 위해 남은 이들에게 폐가 되지 않기 위해 자신의 건강을 스스로 챙긴다.

　돌고래는 이동 시 힘을 아끼면서 시야를 확보하고 피부에 붙은 이물질을 떨어뜨리기 위해 점프한다고 한다. 하지만 우리는 돌고래의 점프에서 그런 기능적인 면보다는 충만한 생명력을 느낀다. 그 역동성이 주는 활기와 에너지를 닮고 싶다. 오늘 수영장 천장을 향해 솟

차지윤

구치는 아쿠아로빅 회원들이 뿜어내는 에너지에서 삶의 생생한 생명력이 느껴진다.

매끼를 챙겨야 하는 귀찮은 영감도 아이를 맡겨놓고 출근한 딸도 이혼하고 돌아온 아들도 아직은 '나'가 챙겨야 할 사람들이고 이게 '나'의 존재 이유이기도 하다. 딸이 사주었다는 순금 팔찌를 낀 팔을 자꾸 흔들어 보이는 할망구도 아들이 보내준 해외여행 다녀와 떡을 돌리는 자칭 왕언니도 꼴 보기 싫다. "지 돈으로 산 긴지 진짜로 보내준 긴지 알기 뭐고" 괜한 시기심에 볼멘소리를 내뱉으면서도 다음 날에도 어김없이 수영장에 나타나는 어르신. 잠깐 배 아프다 한들 저들과 나누는 수다 없이 무료한 하루를 어찌 보낸단 말인가.

취재 본능이 발동하여 슬쩍슬쩍 엿들은 어르신들의 속내에서 미래의 내 모습을 본다. 정신과 육체가 모두 건강한 삶을 꿈꾸고 존엄을 지키기 위해 애쓰는 어르신들의 몸짓에서 경외심이 느껴진다. 생명이란 이처럼 치열하게 지켜야 하는 것임을.

하나, 둘, 셋 점프!
삼십여 명의 인간 돌고래가 로켓티어처럼 날아오른다.

단편소설

배 효 석

2024 《인간과문학》 소설 등단
ginasa@hanmail.net

배효석

멍든 십자가

"악한 자들에게 주는 벌은 부자가 되어 잠자리에 들지만 그것으로 마지막이다. 다음날 눈을 떠보면 이미 알거지가 되어 있다. 두려움이 홍수처럼 그들에게 들이닥치고 폭풍이 밤중에 그들을 쓸어 갈 것이다." - 욥기 27장 19~20절

낮은 땅덩이에 세워진 나라, 네덜란드 암스테르담으로 출발한 D847 여객기가 디트로이트 메트로 공항 도착을 얼마 남지 않은 상공에서 갑작스럽게 요동치자, 거의 다 왔다는 생각으로 주섬주섬 주변을 정리하던 승객들은 깜짝 놀라 의자를 두 손으로 잡았다.
"으악! 오 주여~"
구 장로 옆에 있던 최 목사가 의자를 부여잡으며 외마디 소리를 질렀다.
"뭐야~ 왜 그러는 거야~" 구 장로도 놀라서 얼굴이 하얗게 질렸다. 그러자 안내방송이 나왔다. "뭐라는 소리지? 박 집사"
"아~네 안내방송에 터뷸런스(Turbulence)라는 단어를 쓰는 걸 보니 저기압으로 인한 난기류 때문에 비행기가 중심을 잃고 크게 흔들린 것 같네요. 큰 걱정 안 하셔도 될 것 같아요"
조금씩 흔들리긴 해도 비행기는 이내 안정을 되찾아 부드럽게 날

아 가고 있었다.

"터뷸런스까지 온 것 보면 이 현상은 비구름 폭풍과 관련돼 있어 보이고, 날아가는 방향을 봐서는 아마 기상정보처럼 몇 시간 후에 미시간주에 큰 폭풍 '아이작'이 올 것 같아요. 디트로이트는 피해갔으면 좋으련만, 우리는 그래도 운 좋게 정상적으로 착륙할 것 같은데 다음 비행기는 모조리 결항할 거라는 정보가 있네요"

"시카고 가는데 문제 생기는 게 아냐?"
"글쎄, 일단 메트로 공항에 잘 도착만 하면 자동차로 가니 별 문제 없을 것 같긴 한데~"

구 장로가 걱정하자 최 목사가 너무 걱정하지 말라며 어깨를 툭 쳤다. 이때 화장실을 갔다가 오는 강 권사가 다리를 절뚝거렸다.

"왜 그러세요~ 다리 다치셨어요?" 박 집사가 걱정되어 묻자 강 권사는 괜찮다며 좀 전에 비행기가 심하게 움직였을 때 발을 삐끗했는데 옆에 있던 미국 남자가 잡아주어 크게 다칠뻔한 걸 막았다고 했다. 그런데 그 남자 팔목에 한글로 '의리'"라고 문신이 되어 있어 괜히 친근감이 든다며 고마워했다.

"예전엔 서양인들 몸에 주로 그림과 무늬를 문신하더니 요즘엔 한문이나 한글의 문신을 많이 하더라고. 요즘 한창 인기가 있다던 K-POP 그룹 '방탄소년단' 때문인가, 한국에 대한 위상이 많이 좋아졌어." 구 장로가 거들었다.

구 장로는 이번 성지순례에 강 권사를 빼고 왔으면 좋겠다고 생각했지만, 최 목사가 우기는 바람에 동행하게 되었다. 강 권사는 첫날부터 행동이 느리고, 몸 컨디션도 좋지 않아 다른 사람들의 불평을 많이 받았다. 첫날 눈총받은 이후, 강 권사는 몸이 아프다는 핑계로 호텔 수영장과 사우나에서 시간을 보내거나, 호텔 주변 상가를 어슬렁거리며 소일했다. 일행들은 저러려면 왜 성지순례 한답시고 돈 들여 여기까지 왔냐고 수군댔지만, 속으로는 거추장스럽지 않다며 좋아들 했다.

이번 여행에 팀장격인 구 장로에 대해서도 불만이 많았지만 구 장로는 신경 쓰지 않았다. 시카고에서 온 4명을 제외하곤 모두 한국에서 온 사람들이었기에, 다시 또 볼 사람들이 아니라고 생각했기 때문이었다. 최 목사도 구 장로에 대해 뒤에서 쑤군대고 있었어도 내색하지 않았다. 이번 여행도 다 구 장로가 기획하고 여행경비도 일절 부담이 없었기에, 그저 가만히 있는게 구 장로를 돕는 일이라 생각했다. 언제나 구 장로를 든든한 우군으로 생각하고 있는 최 목사였다.

"신사 숙녀 여러분 이제 곧 비행기가 디트로이트 메트로 공항에 착륙할 예정이오니 모두 의자에 앉으셔서 의자를 앞으로 당겨 주시고 안전벨트를 착용하시기 바랍니다." 기내방송을 통해 여승무원의 낭랑한 음성이 착륙을 알려 왔다.

캄캄한 하늘과는 달리 디트로이트 메트로 공항의 불빛이 보석처럼 찬란하게 빛나고 있고 D847 여객기는 서서히 공항의 불빛 안으로 빨려 들어갔다.

"왜 이렇게 안 나오는 거야 혹시 다른 게이트로 나갔나?"

검색대를 빠져나온 구 장로는 밖으로 통하는 C 게이트 앞에서 시계를 보며 투덜거렸다.

태풍 '아이작'으로 인해 비행기 이륙이 지연되거나 취소되어, 공항은 연결편을 찾는 여행객과 안내방송이 뒤섞여 주말 시장터같이 시끌시끌하고 복잡했다.

"태풍 때문이기도 하겠지만 요즘 공항검색이 까다롭다더니 시간이 오래 걸리나 봅니다."

"그러기에 손주 갖다 준다며 산 과자가 있다고 왜 신고서에 썼느냐고 참 내~"

구 장로가 검색대에서 나올 때 검색원이 강 권사의 신고서에 붉은 매직으로 "A"라고 쓴 걸 보았다. 구 장로는 그 표시가 재검사 대상이라는 걸 알았기에 일부러 발걸음을 빨리해 강 권사와 사이를 벌려 나왔다. 힐긋 강 권사를 보니 역시 예상대로 공항 직원에 의해 다른 검색대로 불려가고 있었다.

"고지식해서 그렇지 뭐. 박 집사도 걸린 것 같던데~"

"박 집사는 아마 사용 중인 전자제품이 많아 질량 분석기에 걸린 것 같아. 제기랄!"

미국 수입품 심사를 담당하는 CBP(세관)는 최근 검색 자동화가 확대되면서 속도가 빨라진 반면, 승객과 소지품을 검색하는 TSA(교통안전국) 쪽은 오히려 검색이 강화되면서 시간이 더 많이 소요되었다. 특히 수하물 검색대에 질량 분석기가 도입되면서 전기, 전자제품의 검색이 한층 강화되었다.

"그게 박 집사 잘못인가? 장비를 다 맡긴 우리가 잘못 한 거지. 그냥 운이 없어 그렇다고 생각하고 좀 기다려 봅시다."

최 목사는 괜히 미안한 생각이 들어 투덜대는 구 장로를 다독였다. 얼마 지나지 않아 강 권사가 별일 없다는 듯 어기적거리며 나타났지만, 박 집사는 한 시간이 지났는데도 나올 생각을 하지 않았다.

"이거 정말 어떻게 된 거 아니야? 이러다 우리 오늘 시카고에 갈 수 있겠어요? 구 장로님, 한번 찾아가 보지 않아도 되겠어요?"

최 목사가 초조한 듯 구 장로를 쳐다보며 말했다. 구 장로도 한번 찾아 나서볼까 생각은 했지만, 피곤하기도 하고 내가 간다고 뭐 달라질 것이 있겠냐는 생각에 이내 생각을 접었다.

강 권사도 점점 피곤한지 객실 의자에 앉아 멍하니 있었다. 조금 전 카톡으로 확인한 딸의 일 때문에 마음이 많이 쓰였다.

"엄마, 조셉이 이번 달에도 시카고에 올 수 없을 것 같다고 연락 왔어."

위스컨주에서 조그마한 사업을 하는 사위가 매달 한두 번씩은 시카고에 와서 생활비를 주곤 했었는데, 벌써 3개월째 오지 않아 딸이 많이 걱정하고 있었다. 사실 이번 성지순례도 딸에겐 돈 많은 구 장로가 비행기 표를 사줬다고 거짓말까지 하고, 그동안 장롱에 조금씩 모아 놓았던 쌈짓돈으로 어렵게 결정한 성지순례였다.

강 권사는 몸이 감당키 어려운 성지순례를 욕심부려 왔지만, 유적지 하나 제대로 보지 못하고 괜한 돈만 날렸다는 생각에 한숨이 절로 났다. 생활비에 보탬이 될 수 없는 자신의 처지를 생각하니 괜히 마음이 울적해졌다.

공항 안에서는 계속해서 안내방송이 나오고, 항공편 안내판에는 온통 빨간 글자로 연착과 지연을 알리는 불이 요란했다. 그러나 강 장로 일행은 이미 도착한 것에 안도하며 박 집사가 빨리 나오기만을 기다렸다. 박 집사가 피곤한 모습으로 C 게이트 앞으로 온건 1시간 40분이나 지나서였다. 구 장로가 시계를 보며 투덜거렸다.

"왜 이렇게 시간이 많이 걸렸어? 벌써 저녁 7시가 지났는데"

"글쎄 말입니다. 뭐 그리 확인할 게 있다고… 그리고 참 무슨 방송 못 들으셨어요? 태풍 '아이작' 때문에 난리인 것 같던데"

"응~ 하긴 했는데 무슨 내용인 줄은 모르겠어."

"검색대에서 지들끼리 한 얘기로는 오늘 암스테르담에서 '신약발표회'가 있었는데, 회의 참석자들이 우리 다음 비행기로 이곳에 오기로 예약된 것이 모두 취소되었대요. 아마 갑작스러운 태풍 때문에 그렇다는데…"

"신약발표회?" 구 장로가 신약발표회란 말에 놀라 박 집사의 얼굴을 쳐다보았다.

"네, 왜 놀라세요, 뭐 들어보신 정보가 있나요?"

"아냐, 별일 아니야." 구 장로가 얼버무렸다.

구 장로 친한 친구의 아내가 췌장암 4기로 진단받아, 사실상 시한부 인생을 살고 있는데, 얼마 전 인터넷뉴스에서 특효약이 발견되어 EMA(유럽 식약청)가 주관하는 '신약발표회' 때 발표할 거란 소식에 친구가 몹시 기대하던 모습이 생각났다.

"그 신약발표회가 오늘이었구나." 구 장로가 혼잣말로 읊조리며 초조해하던 친구 얼굴을 떠올렸다.

"비행기가 취소되었으면 다음 비행기로 오면 되지 왜 난리야?" 최 목사가 한술 거들었다.

"글쎄요. 그것까진 잘 모르겠고, 하여간 우린 빨리 가죠, 시간이 많이 지체되었는데."

그들은 서둘러 게이트를 빠져나가 장기 주차장 쪽으로 부지런히 걸었다. 공항건물 밖으로 나오니, 휘몰아치는 바람에 이미 어두워져, 드문드문 설치된 가로등 불빛만을 의존해 걷는 것이 쉽지만은 않았다. 박 집사는 몸이 불편한 강 권사를 부축하며 일행에 조금씩 뒤처졌다.

"아~ 빨리 좀 와요." 구 장로는 뒤처지는 강 권사에게 눈총을 주며 박 집사를 재촉했다.

"어차피 늦은 길인데 너무 재촉 말아요."

박 집사에게 미안한 강 권사가 투덜댔지만 소리가 바람에 실려 구 장로는 듣지 못했다. 앞서 가던 구 장로가 기억을 더듬어 두 주 동안 주차되어 있던 실버 색의 벤을 겨우 찾아냈다. 이미 20만 마일이 넘은 이 낡은 차는 타는 사람마다 새 차로 갈아야겠다고 말했지만, 정작 구 장로는 트렁크가 넓고 잔고장이 별로 없어 앞으로도 몇 년은 끄떡없다고 생각했다. 주차비 정산소를 나온 박 집사가 네비게이션을 켜려고 잠시 갓길에 차를 대자, 구 장로는 시간 없는데 뭘 꾸물거리냐며 재촉하였다.

"여기가 유레카(Eureka) 로드니까 바로 나가 275번 도로를 타고 북쪽으로 가다가 94번 하이웨이 타고 시카고로 가는 게 제일 빠른 길이야~ 굳이 네비게이션을 켜지 않아도 길은 쉬우니까 빨리 갑시다."

박 집사가 계기판을 보니 가스가 4분의 1 밖에 없어 여기서 주유를 하고 가는 게 좋을 것 같다고 하자, 구 장로는 94번 하이웨이를 타고 조금만 가면 휴게소가 있으니 그냥 가자고 했다. 박 집사는 구 장로의 재촉에 짜증이 났지만 어련히 잘 알아 안내하겠느냐며 속으로 삭였다.

94번 하이웨이를 타고 얼마 지나지 않아 갑자기 폭풍우가 몰아치듯 거센 비바람이 앞창을 때리기 시작했다. 금방 지나갈 소나기가 아니었다. '우두두두…' 굉음의 타작 소리를 내며 언제라도 집어 삼킬듯한 기세로 쏟아지기 시작했다.
"이런 '아이작'이 통과하는 모양이네."
아까 검색대에서 생각보다 시간이 지체되면서 우려했던 일이 벌어지고 있었다. 거센 바람에 달리는 자동차가 휘청거렸다.
"저기~ 저기~ 저 다리 밑으로 바짝 붙여봐"
구 장로가 소리쳤다. 박 집사는 재빠르게 다리 밑 갓길에 차를 세웠다. 뒷좌석에서 졸고 있던 최 목사와 강 권사가 갑작스러운 상황에 놀래 어쩔 줄 몰라 했다.
"이게 어떻게 된 일이야~ 박 집사"
"제가 지금 인터넷 검색을 해 보는 중인데 신호가 잘 안 잡히네요. 저도 아직 모르겠습니다. 비행기 안에서 본 정보로는 토네이도를 동반한 태풍 '아이작'이 미시건주를 비켜 지나갈 거라고 했는데 아마 진로가 바뀌었나 봅니다"
"그럼, 어떻게 해야 하나?"
"일단은 좀 잠잠해질 때까지 기다리는 게 상책일듯싶습니다."
장대비 줄기는 교각 틈새를 타고 계속 차 지붕을 부숴 버리겠다는 심보를 부리듯 무섭게 쏟아지고 있었다.

"목사님 기도 좀 해주세요. 불안해 죽겠습니다."

강 권사가 부들부들 떨며 요청했다. 박 집사가 강 권사의 손을 잡아주며 진정시키려 했다. 최 목사가 기도를 시작했으나 누가 들어도 겁에 질린 목소리였다. 이건 일행의 마음을 진정시키는 기도가 아니라 오히려 불안을 가중하고 있었다. 구 장로는 벌컥 화를 내며

"아니 목사님 뭔 겁이 그렇게 많습니까? 그럴 바엔 차라리 각자 통성기도 하는 게 좋을듯싶네요." 하면서 목청 높여 기도하기 시작했다.

그러자 일행은 불안한 감을 덜어 내려는 듯 소리를 높이기 시작했고, 장대비는 장단을 맞추듯 헤드라이트에 반사된 불빛을 내며 무섭게 쏟아지고 있었다. 비바람은 30분가량 무섭게 뿌리고는 서서히 지나갔으나, 바람은 아직 사람의 몸이 균형을 잡기 힘들 만큼 강했다. 시간은 이미 밤 9시를 지나고 있었다.

"박 집사 이제 가도 될 것 같은데… 바람도 점점 잔잔해질 것 같으니."

최 목사가 구 장로의 눈치를 보며 말하자, 박 집사가 차의 시동을 걸었다. 94번 하이웨이를 가면서 박 집사가 불안한 듯 말을 했다.

"목사님 가는 차도 많지 않지만, 이상하게 오는 차가 너무 없네요."

"정말, 그러네…" 반대편 차선을 바라보며 최 목사가 맞장구를 쳤다.

"제 생각인데요. 아마 길이 막혔을 가능성이 있네요"

"그럼 어떡하지?" " 글쎄요." "일단 가봅시다."

그들의 불길한 예감은 기대를 저버리지 않았다. 조금 가다 보니까

멀리 경찰차들이 경광등을 번쩍거리며 차들을 막고 있었다. 창문을 내리고 다가온 경찰에게 물어보니 휴런(Huron) 강이 범람해 94번 하이웨이가 막혔다고 했다. 경찰은 다시 돌아서, 275번 하이웨이를 타고 북쪽으로 가다 보면 96번 하이웨이를 타고 시카고로 갈 수 있다는 이야길 하면서 신분증을 요구했다.

"신분증?"

박 집사가 모두의 신분증을 모아 경찰한테 주며 무슨 일이 있냐고 물어봤지만 경찰은 아무 말없이 신분증을 확인한 뒤 손짓으로 돌아가라고 했다.

"웬일이야? 길에서 검문하는 경우는 거의 없는데. 무슨 일이 있긴 있는 모양이네."

#

같은 시각, 인터폴 디트로이트 지부 사무실에서는 팀장 로버트가 심각한 얼굴로 말했다.

"그럼 도착 항공편 취소로 '갈매기의 꿈'은 시간이 바뀌었군."

'갈매기의 꿈'은 그들의 작전명이었다.

"네. 그들의 동향에 이상이 생겨 지금으로서는 기다려 보는 수밖에 없습니다."

"퍼플(The Purple Gang) 애들과 에이건(Egan's Rats Gang)에 대한 감시는 철저히 해야 할 거야. 쥐새끼 같은 놈들이라 이상한 낌새만 보이면 꽁꽁 숨을 놈들이라."

"네 실수 없도록 하겠습니다."

로버트는 팀원들이 나가자, 향이 좋은 헤이즐넛 커피를 한 잔 따라

마시며 생각했다.

그들의 정보에 의하면, 이번 암스테르담 '신약발표회'에서 발표된 신약 가운데 〈HS818〉이라 불리는 획기적인 암 치료제가 알려지면서, 판매 승인 전 빼돌려진 다량이 갱들에 의해 암거래될 거라는 소식이었다. 특히, 에이건 갱의 일원이 한국의 김수흥 박사가 이끄는 연구팀 중 한 명을 포섭해 신약의 연구 자료를 마이크로 칩에 숨겨 퍼플 갱단에 밀거래할 것이라는 소식도 전해졌다.

네덜란드 경찰청의 협조를 얻은 인터폴은 용의자를 검거하기 위해 디트로이트에 상황실을 설치하고 특수검거 작전에 돌입했지만, 태풍 '아이작'이 진로를 바꾸면서 검거 계획에 차질을 빚고 있었다.

오늘 오후 8시 25분 디드로이트 도착 비행기에 거래 물건이 실린다는 정보였는데, 태풍으로 항공편이 취소되면서, 언제 어느 비행기로 올 것인지에 대한 정보가 없어 마냥 기다릴 수밖에 없는 처지가 된 것이다. 어쩌면 거래가 취소될지도 모를 일이었다.

"이런 빌어먹을~" 로버트는 짜증스럽게 시계를 쳐다보았다. 그의 시계는 오후 9시 19분을 가리키고 있었다. 태풍 경보 해제 후 메트로 공항에 도착하는 비행기까지는 약 6시간이 남았다. 혹시나 해서 바로 이전 항공편인 D847 승객들부터 철저하게 짐 검사를 했는데 결국은 승객에게만 불편을 준 꼴이 되어 버렸다.

#

경찰의 제지를 받은 최 목사 일행이 다시 온 길을 되돌아가며 속력을 내고 있었다.

"275번 도로면 우리가 공항에서 바로 탄 그 도로 아냐?"

"그러면 결국 공항으로 돌아가 다시 출발하라는 거네. 참 내 낭패네."

"그렇다고 하루 이곳에서 자고 갈 수도 없고."

"그냥 돌아갑시다. 만약 피곤하면 교대로 운전하지 뭐, 길이 문제지 통금도 없고"

"그런데 가스도 문제입니다. 돌아가기 전에 경고등이 켜질 것 같은데."

"참 가지가지 하네, 조금만 더 갔으면 주유소가 나올 텐데."

구 장로는 자기 잘못이 아니라는 듯 투덜대었다.

"어차피 갈 길인데 하나님이 보호해 주실 테니 그냥 편히 갑시다."

왔던 길을 다시 간다는 것은 정말 싫은 일이었다. 그것도 가스가 언제 떨어질지 모르는 상황에 이 오래된 차를 컴컴한 밤에 운전하는 일은 참 부담되는 일이었다. 275번 하이웨이를 타고 96번 하이웨이로 가는 중에 결국 주유 경고등이 들어왔다. 막상 주유 경고등이 들어오자 일행은 마음이 조급해졌다.

"박 집사, 96번 하이웨이 타려면 한 30분 더 가야 하는데 그렇게 되면 차가 설 가능성이 있으니 한 5분쯤 가다 보면 12번 국도가 나올 거에요. 일단 주유를 하는 게 제일 급선무니까 12번 국도로 나갑시다. 운 좋으면 12번 국도로도 시카고 가는 길이 있으니까."

구 장로는 전에 12번 국도를 통해 시카고 간 경험이 있어 자신 있게 이야기했다.

"그럽시다. 우선 주유가 문제니."

박 집사는 차라리 공항으로 돌아가 근처에서 주유하고 맘 편히 96

번 하이웨이를 탔으면 좋겠다는 생각을 했지만 그런 의견을 낼 분위기가 아녔다. "될 대로 되겠지" 박 집사는 피곤해 몸이 쳐지는 걸 느꼈다.

구 장로 말대로 12번 국도를 타고 조금 들어가니 셀돈(Sheldon)이란 곳에서 양 갈림길이 나왔다.

"장로님 미시간(Michigan) 에비뉴로 갈까요? 게디스(Geddes) 로드로 갈까요?"

"음 미시간 길로 갑시다."

이 길의 선택으로 그들의 운명을 바꿀 큰 사건을 맞닥뜨리게 될 줄은 꿈에도 생각지 못했다.

박 집사가 막 미시건 에비뉴로 접어든 순간, 뒤에서 큰 굉음과 함께 하얀 스포츠카가 게디스 로드를 빠져나갔다.

"저런 미친놈을 봤나? 애 떨어질 뻔했네."

구 장로가 깜짝 놀라며 농담을 했다. 가로등도 없는 어두운 길에서 더욱이 태풍으로 인해 장애물이 있을지도 모르는데 저런 속력으로 운전을 한다는 건 자살 행위라고 생각했다.

"하여간 죽으려면 무슨 짓을 못해? 쯧쯧"

최 목사도 한술 더 뜨며 맞장구를 쳤다. 그때 박 집사가 큰 소리로 말했다.

"아 저기 주유소가 있네요, 장로님 말씀이 맞았어요."

모두 놀라 앞을 보니 모빌(Mobil) 주유소의 흰 불빛이 미소 짓고 있었다. "우와~ 만세!" 자는 줄 알았던 강 권사가 갑자기 손을 들고 만세를 불렀기에 모두 웃고 말았다.

"아니 강 권사님 주무시고 계시지 않으셨어요? 하하"

차를 주유기에 대고 나와보니 매장 안은 캄캄한데 주유는 할 수 있도록 해 놓았다. 아마 태풍 때문에 일찍 문을 닫은 모양이었다.

"저 앞에 맥도널드에 가보니 거기도 아무도 없네요, 창문만 들여다보다 그냥 왔네요."

배가 고팠던 구 장로가 아쉬운 듯 투덜거렸다.

"여기서 가까운 엔아버(Annarber) 시에 가면 먹을 데가 많을 거예요. 조금만 참으세요."

박 집사가 인터넷을 들여다보며 여유있게 말했다.

"자 이제 갑시다." 구 장로가 갈 길을 재촉했다.

"일단 엔아버 시 쪽으로 가다 보면 휴런강을 넘어갈 수 있으면 좋고 아니면 96번 하이웨이로 빠져나갈 수 있는 길이 있을 거야."

"구 장로 하자는 대로 합시다. 여기서 길 잃어버릴 일은 없을 테니까."

주유를 하고 나니 최 목사도 한결 여유 있는 목소리로 돌아왔다.

미시간 에비뉴로 진입 후 한 5분쯤 지났을 땐가, 어디선가 "꽝" 하는 큰 소리가 들렸다.

"이게 무슨 소리지?"

"잠깐, 저기서 사고가 난 것 같아!"

구 장로가 가리키는 곳을 보니 미시간 길 위 고가 차로에 차 한 대가, 교각에 반쯤 걸친 채 찌그러진 본체 사이로 하얀 증기를 내뿜고 있었다.

"어~ 저 차 아까 과속으로 큰 소리 내며 달렸던 흰 차 아니에요?"

배효석

"응 맞는 것 같은데~"

사고 차는 뒷문이 열려 있고, 앞바퀴 한쪽은 완전히 허공에 있어 조금만 더 세게 충돌했다면 미시간 차로로 추락했을 것이다.

아마 과속으로 운전하다 S 형태로 난 고가 위에서 빗길에 미끄러지며 교각을 받은 것 같았다.

"사람은 안 보이는데 안에 있나? 우리가 가서 좀 도움을 줘야 하지 않겠어요?"

박 집사 말에 구 장로가 미간을 찌푸리며 "이 사람이 정신이 있나? 저 차가 조금 있으면 폭발할지도 모르고, 저 위에 있는데 어떻게 올라 갈려고. 그냥 빨리 갑시다."

박 집사가 최 목사 얼굴을 쳐다보자 최 목사도 구 장로 의견에 동의한다는 몸짓을 하였다.

"911에라도." "이봐~ 박 집사, 괜한 사건에 휘말리지 말고 우리 갈 길이나 갑시다."

구 장로가 면박을 주고 차를 타려는 순간 구 장로 눈에 길가에 떨어져 있는 가방이 눈에 띄었다. 고급스러운 가방인데 상황으로 봐서는 사고 차량에서 떨어진 것 같았다. 구 장로는 슬금슬금 다가가 가방을 발로 툭 건드려 보았다. 그리고는 아무 말 않고 가방을 열어 보더니 갑자기 허겁지겁 들고 와 차 트렁크를 열고 안에다 던져놓았다.

"뭐 하는 것이요, 지금" 최 목사가 덩달아 놀래며 물었다.

"박 집사 빨리 갑시다."

구 장로는 너무 흥분한 목소리로 다급히 재촉했다. 얼떨결에 박 집사는 일단 시동을 켜고 도로로 진입해 속도를 높였다.

"아니 마냥 갈 것이 아니라 이야기를 해야 할 것 아니요? 그 가방 안에 무엇이 있소?"

차 안에 있는 사람은 일제히 귀를 한쪽으로 모았다.

"현금" "현금? 달라, 말이요?"

"100달러 뭉텅이를 보았소. 아마 무게로 보아 어림잡아 100만 불은 넘을 것 같아요."

"100만 불?" 박 집사는 자기도 모르게 브레이크를 밟았다. 차가 멈칫거리며 속도가 줄었다. 우선 갓길에 차를 세우고, 마음을 진정시키고 서로의 의견을 들어보기로 했다. 구 장로는 트렁크에서 가방을 갖고 와서 지퍼를 열었다. 모두 숨을 죽이고 가방 안을 들여다보았다. "오 하나님" 그 안의 현금다발이 싱긋이 미소를 띠었다. 확인해 보니 모두 2백40만 불, 그들은 가슴이 뛰기 시작했다. 돈을 보는 순간 그들은 선한 양들이 아녔다. 목사도, 장로도, 권사도, 집사도 아녔다.

"오 주여 어찌하여야 합니까?"

최 목사는 눈앞에 있는 현금다발을 보며 마음속으로 그저 주를 찾고 있었다.

"구 장로님 이건 죄악입니다. 도로 갖다 놓아두는 게 좋겠습니다."

최 목사가 마음에도 없는 말을 했다. 돈을 가방에다 다시 넣고 있던 구 장로가 최 목사를 쳐다보며 어이없어한다.

"우선 여기 계신 분들에게 말씀드릴 것은 이 돈은 우리가 나쁜 짓을 해서 훔친 돈이 아니에요. 이 돈은 그냥 길에 떨어져 있었던 것이고 우리 아니면 다른 사람들이 주워 갈 수도 있는 돈이에요. 물론 지금이라도 경찰서에 갖다 주면 우린 좋은 일 하는 거고."

"이 가방을 제자리에 갖다 놓는 게 좋을지, 아니면 경찰서에 신고하든지. 아니면 그냥 이건 하나님이 선물하신 돈이라 생각하는지를 놓고 의견을 말해 보세요. 저는 여러분들의 의견을 듣고 맨 마지막으로 말씀드릴게요."

"지금 당장 이야기하라고 하는 것은 좀 무리인 것 같으니 생각할 여유 좀 주세요."

강 권사가 목이 말랐는지 침을 삼키며 말했다.

"그래요. 한 20분 정도는 시간을 주셨으면 좋겠네요."

그들은 시카고에 빨리 갈 생각은 잊은 채 골똘하게 생각에 빠졌다. 강 권사는 돈을 보는 순간 생활비를 걱정하던 딸이 떠 올랐다. 그러면서도 '아냐 아냐' 하며 마음속으로 지우려 했지만 그럴수록 더 선명하게 걱정스럽게 울던 딸의 얼굴이 생각났다.

"뭐 20분씩이나 생각할 게 뭐 있어요? 난 이 돈이 하나님이 주신 돈이라 생각했으면 좋겠어요." 구 장로가 제일 먼저 정적을 깨며 말했다.

"지금 여러분들이 알고 계신지 몰라도 제 비즈니스 상황이 말이 아닙니다. 여행 오기 전 새벽기도 때 하나님께 울면서 기도했어요. 하나님 어떠한 방법이든 좀 도와 달라고, 이건 필시 하나님께서 저의 기도를 들어주신 거라고 확신합니다."

강 권사가 머뭇거리자 구 장로는 강 권사의 얼굴을 쳐다보며

"이건 한 사람이라도 다른 의견이 있으면 곤란하니 잘 생각해서 답변 주시는 게 좋겠습니다." 어떤 면에서는 이건 거의 협박에 가까웠

다. 사실 한 사람이라도 의견이 다르면 정말 처리하기가 곤란했기 때문이었다. 시간이 무겁게 흐르자 최 목사가 정막을 깨며 이야기했다.

"제 의견을 말씀드리겠습니다. 저는 이 돈을 경찰서에 갖다주는 게 맞다고 생각합니다."

"뭐요? 경찰서에?…"

구 장로는 최 목사가 자신의 예상과 다른 의견을 내놓자 깜짝 놀랐다.

"네~ 경찰서에 신고하자고 하는 것은 굳이 설명을 안 드려도 여러분들이 다 잘 알고 계시리라 생각합니다. 그런고로 여러분들이 갖고 계시는 돈에 대한 욕심을 다 버리시고 이런 시련을 이겨 낼 수 있도록 기도합시다."

최 목사가 진지하게 나오자, 강 권사와 박 집사는 혹시나 했던 돈에 대한 기대가 사라져 조금은 아쉬웠으나 마음만은 편해지는 느낌을 받았다. 사실 만 불도 아니고 200만 불이 넘는 돈의 액수만으로도 그들을 주눅 들도록 만들었기에 충분했다.

"저도 최 목사님의 의견을 따르겠습니다" 강 권사가 비장한 얼굴을 하며 말했다.

박 집사는 강 권사의 비장한 얼굴의 표정을 보니 잠시나마 마음고생 한 것이 표가 나 피식 웃음이 나왔다.

"저도 너무 아쉽긴 하지만 최 목사님께 한 표입니다."

박 집사도 마음을 비웠다는 듯 가볍게 말했다.

"그래요?….음"

구 장로가 너무 아쉬운 듯 말을 잇지 못하고 한숨을 내 쉬고 있었다.

"구 장로 너무 속상해 말아요. 전화위복이란 말도 있듯이 더 좋은 일도 있겠지요. 하나님은 다 알고 계시니 더 좋은 복을 주실 것입니다." 최 목사가 구 장로의 어깨를 토닥거려 주었다.

"그리고 지금 밤 10시가 넘었으니 오늘 가까운 모텔에서 숙박하고 내일 아침 일찍 경찰서로 가는 게 좋을듯싶습니다. 박 집사 강 권사님 어떻게 생각하세요?"

"네 저도 몹시 피곤해 그러고 싶습니다."

"저도 빨리 자고 싶네요." 강 권사가 눈을 감으며 말했다. 인터넷으로 인근 모텔을 검색해 보니 20분 정도 거리에 '엘크 그로브 빌리지'라는 모텔이 잡혔다.

"자 이제 모텔까지 제가 모실 테니 눈들 감고 계세요."

박 집사는 왠지 좋은 일을 한 것 같아 몸이 가벼워지는 걸 느꼈지만 나머지 세 사람은 각자 망상의 꿈으로 아쉬움을 달래고 있었다.

\#

저녁 9시 30분, 디트로이트 윌리스(Willis) st에 있는 S 보험사 사장실에 낯선 사내들이 심각한 얼굴을 하고 속속 모여들었다.

"어떻게 되었나?"

밤에도 선글라스가 어울리는 한 중년 신사가 와인을 마시며 중저음으로 물었다.

"쟌(John)은 중상이라서 구급차에 의해 인근 병원으로 일단 옮겨졌고, 돈의 행방을 쫓고 있습니다. 인근 CCTV를 통해 추적하고 있는데 그 시간대 인근을 통과한 차량이 있어 역으로 추적 중에 모빌 주유소와 맥도널드에 설치한 CCTV에서 그들의 얼굴이 확인됐습니다. 보니 동양인들이었습니다."

"그래~ 음 퍼플(The Purple Gang) 아이들과는 관계없다는 이야기구먼~"

"네, 무슨 사정인지는 아직 모르겠으나 쟌이 혼자서 무리한 욕심을 낸 것 같고, 그 동양인들도 처음부터 돈을 노렸던 건 아닌 것 같습니다."

"알았어, 일단 돈은 빨리 회수하고 경찰에서 냄새를 맡지 않게 단순 교통사고로 마무리해. 그리고~, 그 동양 애들은 운이 나쁜지는 좀 두고 봐야겠네. 잡는 대로 바로 보고해."

\#

모텔 '엘크 그로브 빌리지' 2층 방 205호와 206호 두 개를 빌린 최 목사 일행은 침실 한 개인 205호에 강 권사를 사용하게 하고 침실 두 개인 206호에는 나머지 3명이 사용키로 했다. 먼저 샤워를 하고 난 최 목사와 구 장로가 박 집사가 샤워하러 화장실로 들어간 사이 소곤댔다.

"목사님 설마 이 돈을 경찰서로 넘길 생각은 아니시겠죠?"
"후후후 어떻게 알았나? 내 마음을."
"난 목사님이 오늘 여기서 묵고 가자고 할 때 이미 눈치챘습니다."
"저 순한 양들을 물들이게 할 필요는 없지 않겠어! 흐흐"
"물론 나눠야 할 돈도 달라지고 말이죠."
"그러니까 내일 아침에 경찰서 간다고 할 때부터는 눈치채지 않도록 잘 해야돼"

"걱정 말아요. 그리고 돈은 미리 다른 곳으로 옮겨 놓는 게 좋을 것 같은데~"

"이미 다른 곳으로 옮겨 놓았지. 그 가방에는 책 몇 권이 들어 있을 거야."

"참 빠르시기도 하시네, 하나님께서 용서하시겠어요?"

"구 장로, 참 하나만 알고 둘은 모르네! 우리가 두 사람을 악의 구렁텅이에서 구해 냈잖아. 우린 나중에 그 돈으로 선교하고 빡세게 회개하면 하나님께서 용서 안 하시겠어?"

"참, 말도 안 되는 궤변을 늘어놓으시긴. 누가 사이비 목사 아니랄까 봐."

"구 장로 말조심 하시오. 누가 들을라~ 누가 사이비요? 그래도 어엿이 신학대학을 거쳐~…."

"그런 소리 아예 하지 마시오. 3년 전 내가 목사님 초빙할 때 학력에 문제가 있는데도 덮어준 기억을 아예 잊으셨나?"

"아니 이 사람이, 그런 이야긴 무덤까지 가져가겠다고 약속까지 해 놓고선, 그리고 당신 장로 시켜준 건 누군데~"

"고만둡시다. 괜히 좋은 일 앞에 두고 감정 상하겠소."

"그리고 이번 일은 무조건 5대 5요."

"아 알았어요, 저기 박 집사 샤워 끝낸 것 같은데, 쉿."

"피곤들 안 하시는가 봐~ 아직 자리에 안 드신 걸 보니." 박 집사가 샤워를 마치고 머리를 털며 나왔다.

"그보다도 박 집사 혹시 오늘 교통사고 난 일과 관련된 뉴스가 있을지 모르니까 TV 한번 틀어 봐."

박 집사가 TV 채널을 돌리며 뉴스 방송을 맞추었다. 뉴스에서는 태풍 '아이작'이 큰 피해를 내며 동쪽 캐나다 영을 통해 북동쪽으로 이동 중이라며 이번 태풍으로 휴런(Huron) 강이 범람하고 일부 강둑의 붕괴로 인해 피해를 많이 보고 있다며 지금까지 2명이 강물에 휩쓸려 실종 중이라고 말했다. 그리고 오늘 밤에도 산발적으로 큰비가 계속 올 것으로 예상한다며 지대가 낮은 지역들은 안내방송에 따라 대피하길 바란다고 했다.

교통사고는 크고 작은 사고가 몇 건 있었다는 통계 보도만 할 뿐 온통 강둑 붕괴에 대한 피해 소식으로 도배를 하고 있었다.

1시간 가까이 뉴스 방송을 돌려 봐도 미시간 길 교통사고 소식도, 돈 가방 분실했다는 소식은 어디에서도 들을 수가 없었다.

"그 돈이 뭘까?" 박 집사가 궁금해하자, "글쎄 정상적인 돈은 아닌 게 분명하지. 하지만 우리랑 무슨 상관이 있어 내일 돌려줄 텐데."

"그만 자야지~ 슬슬 피곤이 몰려오네."

"그나저나 박 집사 불편하지 않겠어. 바닥에 누워 자기가"

"침대가 둘 뿐이니 어쩔 수 없죠. 저는 저기 탁자 밑 공간에서 조금 눈 붙일게요. 걱정 마시고 주무세요. 자 불 끄겠습니다. 안녕히들 주무세요."

박 집사가 불을 끄고 바닥에 몸을 뉘었다. 박 집사는 운전해서 그런지 바로 깊은 잠에 빠져들었다. 내일 일어날 일에 잠 못 들고 뒤적이던 최 목사와 구 장로도 어느 결에 잠이 들었다.

"누구야?"

플래시 불빛이 눈을 강하게 비치는 듯하더니 입에 수건으로 자갈이 물리고 박 목사가 팬티 바람으로 방바닥에 처박혔다. 박 목사는 안경을 안 써 사람들의 윤곽만 보였다. 구 장로도 어느 틈에 침대에서 내려와 바닥에 무릎을 꿇렸다. 모든 일이 무성영화처럼 찍소리 없이 순식간에 일어났다.

박 집사도 잡혀 앉았고 환하게 불이 켜지자 모두 4명의 괴한이 그들을 둘러싸고 있었다.

그중 한 명이 침대에 걸터앉더니 너희들 중에 영어 할 줄 아는 놈이 누구냐고 물어왔다.

구 장로와 최 목사가 박 집사를 쳐다보자 박 집사에게 지금부터 내 말을 잘 듣고 사실대로 이야기할 것을 주문하고 박 집사의 입에 물린 수건을 빼 주었다.

"너희들 몇 시간 전에 검은색 가방을 주운 적 있나?"

"있다"

"그 가방 열어 봤냐?"

"열어 봤다"

"그 가방 어디 있나?"

박 집사가 최 목사를 쳐다보면서 물었다

"가방 어디에다 두었어요?"

주저하던 최 목사가 떨며 침대 밑을 가르쳤다. 한 괴한이 얼른 침대 밑에서 가방을 찾아냈다. 그리고 그 가방을 동료에게 전달했다. 바로 지퍼를 열어 본 그는 주머니에서 책 나이프를 꺼냈다. 책 나이프가 형광등 불빛에 반짝거리며 박 집사의 눈을 찔렀다.

"돈 어디 있나?"

"돈? 그 안에 다 있을 것이다. 우린 그 돈을 날이 밝는 대로 경찰서에 갖다 주려 했다. 정말이다."

"거짓말 마라. 이 안에 돈이 없다. 어디다 빼돌렸는지 빨리 말해라" 그러면서 가방을 쏟았더니 그 안에서 성지순례에서 보며 낭독했던 성경책과 잡다한 다른 책들이 쏟아졌다.

설마, 했던 박 집사가 땅바닥에 처박히는 성경책을 보며 기가 막혀 최 목사와 구 장로를 쳐다보았다. 구 장로는 벌벌 떨며 최 목사를 쳐다보았다. 박 집사는

"빨리 말해 봐요. 그 돈이 어디 있는지?"

모든 사태를 눈치챈 박 집사가 최 목사에게 윽박지르듯 말했다.

최 목사는 모든 걸 체념하듯 고개를 떨구자, 이 사태를 보고 있던 괴한 한 명이 최 목사의 머리를 쥐어박았다. 그리고는 입에 물렸던 수건을 뺐다. 그 순간 괴한의 팔뚝에 '의리'라고 파란색으로 새겨진 문신을 보았다. 이때 그 괴한도 미세하게 움찔거리는 걸 최 목사는 느낄 수 있었다.

"돈은 차 트렁크 밑에 숨겨져 있어." 박 집사는 어이가 없어 하며 영어로 번역해 괴한들에게 알려 주자 한 괴한이 박 집사에게 차 키를 달라고 하더니 가방을 들고 주차장으로 달려 나갔다.

얼마 후 심문하던 괴한에게 문자가 전달됐다. 그 괴한은 입가에 안도의 미소를 띠며 어디론가 전화를 했다.

"네, 회수했습니다. 확인도 했고요~ 그런데 이놈들을 어떻게 할까요? 상황이 좀 묘한데요." 취조하던 내용과 분위기를 상세히 설명해 주었다. 그리고는 한동안 말없이 상대의 지시를 받는 것 같았다.

"자 이제 너희들이 선택할 차례이다. 내가 너희들 신분증과 여권을 조사해 보니 너희는 성지순례를 다녀오던 목사와 그 일행들이었네. 나는 기독교인은 아니지만, 너희들이 한 행동은 옳지 않았다. 더군

다나 이야길 종합해 보니 리더인 목사가 더 나쁜 마음을 갖고 다른 사람들을 속이려 했다는 것이 충격적이기에 여기에 있는 사람의 의견을 듣고 결정하겠다. 다만 우리도 여기에 머무를 시간이 많지 않아 10분의 생각할 여유를 주겠다."

"아니 최 목사님 이럴 수가 있습니까? 당신은 목사도 아닙니다. 그럼 장로님도 알고 계셨나요?"

"아니 이 사람이! 내가 어떻게 알겠어, 최 목사의 머리에 들어 있는 생각을. 내가 돈을 어디로 옮겼는지 어떻게 알겠어?"

순간 최 목사는 능구렁이 같은 구 장로를 쳐다보고 어이가 없는 표정을 하다가

"다 내가 욕심이 많아 벌린 일일세."라며 모든 걸 체념하듯 눈을 감았다. 이때 괴한 중에 우두머리인 듯한 사람이 일어서면서 "자 시간이 다 돼 가는데 결정을 내렸나?"라며 박 집사를 쳐다보았다. 박 집사가 머뭇대면서 말을 못 하고 있자,

"뭘 그렇게 머뭇 되나? 사실 그대로만 이야기하고 벌 받을 사람은 벌을 받고 칭찬받을 사람은 칭찬받으면 되지!"

박 집사는 "내가 영어를 할 줄 안다는 게 이렇게 큰 짐이 되는지 몰랐다, 우리끼리 이야기해 본 결과…. 사실 우리 일행 중 모두 돈에 대한 욕심이 있었던 건 사실이었다. 어쩜 우리 중 누군가가 대표로 우리의 욕심을 채워주길 바랐는지도 모른다. 그건 우리가 믿고 있는 신만이 알 수 있고, 판결할 문제이다. 당신들은 돈을 찾았으니, 당신들이 어떤 판결을 이야기하는지 모르겠지만 당신들이 판결할 것이 아니라고 본다."

"그래? 너희 모두 다 책임이 있다는 이야긴가?"

박 집사는 구 장로를 쳐다보며 말을 이어갔다.

"그렇다…. 그리고 우린 다 한 가족과 같은 사람들이다. 다시 한번 이야기하지만 이 판결은 하나님만이 할 일이고, 잘 잘못은 경찰서에 가서 법으로 처리하기 바란다."

"어쩔 수 없구먼. 원망하지 마라. 여기선 경찰보다 우리 법이 더 우선이다."

순간 리더 격인 괴한이 신호하자 3명의 괴한은 각자 가지고 있던 청테이프로 순식간에 최 목사와 구 장로, 박 집사의 입을 봉하고 머리에 검은 포대를 씌웠다.

"잘 들어라. 너희는 우리의 얼굴을 보았기에 다 죽어야 한다. 잘 가라~"

최 목사는 머리에 검은 포대가 씌워지자 예전에 어디선가 보았던 발버둥 치며 사형장으로 끌려 나오던 포로들의 모습이 퍼뜩 떠올랐다.

"아 이제 나는 죽었구나." 온몸에 힘이 빠지고 가슴이 벌렁거려 금방이라도 죽을 것 같은 공포심으로 몸이 사시나무 떨듯 떨려 왔다.

"오 자비의 하나님~…", 그다음은 어찌 기도해야 하는지 도무지 생각이 나질 않았다.

그저 "하나님 잘못했습니다. 잘못했습니다. 살려주세요." 이 말만 반복하였다. 양쪽 팔을 낀 서양놈들은 웬 힘이 그렇게 센지, 끌려가면서 도무지 힘을 쓸 수가 없었다.

그러나 아무리 사이비 목사라 하더라도 3년이나 목회를 했고, 신학대학도 중퇴하기 전까지는 그래도 열심히 성경 공부도 했다. 그나마 목사였던 아버지의 빽으로 어떻게 어떻게 이 자리까지 올 수 있었는데. 몇 년 전에 치매로 자신의 얼굴도 못 알아보시던 엄마 얼굴이 떠올랐다. "어, 엄마~" 청테이프 때문에 밖으로 소리도 낼 수 없지만 음~음 하는 소리는 안으로 낼 수 있는걸 참 신기해하면서도 엄마 생각에 눈물은 하염없이 흘러내렸다.

모텔 밖으로 끌려 나와 한 30분가량 왔을까, 밖에서 물 내려가는 소리가 폭포수처럼 들렸다. 다시 태풍이 오는지 차 문을 여니 비바람이 얼굴을 때렸다. 차에서 끌려 내려와 다른 차로 갈아탔다. 그때는 차 뒤쪽으로 밀어 넣는 바람에 넘어졌다. 차가 서서히 미끄러지며 내려가는 걸 느꼈다.

최 목사는 괴한으로부터 팔이 자유로워진 것을 알고 머리에 쓰였던 검은 포대기를 벗어 버렸다. 칠흑 같은 어두움 속에 일반 승용차 같은데 태워진 것 같고, 반쯤 열린 문 사이로 흙탕물이 쏟아져 들어왔다. 강 속으로 차가 휩쓸려 떠내려가고 있었다. 삽시간에 흙탕물이 가슴까지 채워졌고 문을 아무리 열려고 해도 물의 압력 때문에 꼼짝도 안 했다.

"살려 주세요~ 살려 주세요~ 아, 하나님, 잘못했어요." 목청을 아무리 올려도 주위의 물소리 때문에 말소리는 사라졌다. 이윽고 머리가 잠기자 최 목사는 바둥거리며 서서히 의식을 잃어 갔다.

"목사님! 목사님! 정신이 드세요?"
여긴 어디야 지옥인가 최 목사는 눈을 희미하게 뜨면서도 도저히 감을 잡을 수가 없었다. 천장을 보니 낯익은 차 안이었다. 빗소리인지 물소리인지는 크게 들리고 있는데 그 속에서도 박 집사의 목소리와 강 권사의 걱정되는 소리가 두런두런 들렸다.

"정신이 드시는가 보네~ 오메 살았구먼. 최목사님 최목사님"

"물, 물." "이런, 익사 직전까지가 물까지 토했는데 또 물을 찾네. 자 이건 생명수여."

강 권사가 생수병을 주면서 농담까지 던졌다. 물을 마신 최 목사가 정신이 나면서 주위를 훌훌 둘러봤다. 박 집사와 강 권사가 누워있는 자기를 보고 있고 구 장로는 앞 좌석에서 뒤통수를 보이며 아무 소리도 하지 않고 앞유리창만 바라보고 있었다.

"어찌 된 영문인지 말 좀 해 줄 수 있나?" 최 목사의 물음에 박 집사는 차분하게 설명해 주었다.

박 집사와 구 장로는 최 목사가 머리에 검은 포대를 씌워 방 밖으로 끌려가고 있을 때 괴한의 우두머리가 그들의 머리에서 검은 포대를 벗겼다.

그리고 그 괴한의 무리 중 한 사람을 불러 이야기를 시켰다. 그 사람은 얼굴은 서양인인데 한국말을 너무 잘했다. 자기는 한국에서 오랫동안 일을 해서 한국말을 잘한다며 박 집사가 통역을 잘하는지 확인하기 위해 한국말을 모르는 척했다며 박 집사가 최 목사의 고백을 일부러 다르게 통역한 내용도 다 알고 있지만 서로 책임을 통감하고 감싸주는 마음에 감동을 받았다고 했다.

그리고 우리는 잃어버린 현금을 다 찾아 다행일 수 있으나 당신들이 우리의 얼굴을 보았고 특히 최 목사란 사람이 내 신체의 특징을 보았기에 우리의 조직강령에 따르면 모두 살려두지 말아야 하는데 우리 팀장이 조직 두목에게 간청해 당신 두 사람은 살려 주기로 했다며, 30분 뒤 기다렸다가 우리가 안내하는 사람을 따라와 최 목사의 시신을 인수하라고 말했다. 순간 박 집사가 울면서 팀장의 무릎에 매달려 최 목사를 살려 달라고 애원을 했다. 한동안 보고 있던 팀장은 아무 소리도 없이 박 집사의 손을 뿌리치고 밖으로 나갔다.

 30분이 왜 이렇게 길던지, 박 집사는 옆방에서 자고 있던 강 권사를 깨워 진정시킨 뒤, 그동안 있었던 일을 대강 이야기하고 짐을 정리한 후에 문밖에서 대기하고 있던 괴한을 따라나섰다.
 그들의 차가 휴런(Huron) 강 입구 언덕진 곳에 차를 주차한 뒤 비 맞으며 천천히 강 쪽으로 조심조심 내려가자 휴런 강으로 흘러 들어가는 흙탕 물살이 소리치며 흘러가고 있었다.
 아직은 사방이 컴컴한데 국도길에 세워진 가로등이 그나마 사람이 다닐 수 있는 길을 비추어 주고 있었다. 조그만 언덕을 넘자 박 집사는 눈 앞에 펼쳐진 광경에 다시 가슴이 뛰기 시작했다. 약간 비탈진 언덕에 견인 차량이 있고 그 견인 차량이 와이어 밧줄로 승용차를 끌어내고 있었다. 이어 두 사람이 달려들어 그 승용차 안에서 사람을 꺼내 땅에 눕혀 놓고 인공호흡을 시키기 시작했다. 그 사람들의 행동은 너무 재빨랐으며 한 치도 오차 없이 인명을 구조하는 숙달된 요원들 같았다.

 얼마 후 그들은 박 집사 일행을 손짓하며 불렀다. 박 집사가 먼저 뛰어갔다. 그 괴한은 물을 토하며 정신을 차리지 못하는 최 목사를 인도하면서 박 집사에게 손을 내밀었다. 그때 박 집사는 괴한의 오른쪽 팔목에 '의리'라고 새겨진 문신이 물에 젖어 가로등 불빛에 반사되는 것을 보았다.

"자 친구여 이제 오늘 일어났던 일들은 모두 잊으시오. 그것만 약속하면 난 당신들을 보내 줄 겁니다." 그는 능숙한 한국어로 말했다.

"약속합니다" 박 집사가 뒤돌아 두 사람을 쳐다보며 말하자 두 사람도 고개를 끄덕였다.

"잘 가시요, 당신들의 행운을 빕니다." 그의 손은 따듯했다.

"감사합니다, 고맙습니다~"

박 집사는 빗물과 눈물 뒤섞여 흐르며 연신 고개를 숙였다. 그들은 떠나갔고, 남은 자리엔 살았다는 기쁨도 잠시, 남아 있는 사람의 상처와 어색함만 남기고 있었다.

다시 모텔로 돌아온 그들은 옷을 갈아입은 뒤 아침 일찍 모텔을 나왔다. 모텔의 직원들은 그들의 젖은 옷을 보았지만 비 오는 날에 웬 정성으로 비를 맞으며 새벽부터 산책했는지 참 건강을 무척 챙기는 동양인이라고만 생각하는 듯 무심한 태도였다.

최 목사 일행은 96번 하이웨이를 타고 시카고에 올 때까지 그 악몽을 잊으려고 서로 아무 말도 하지 않았다. 그들은 헤어질 때도 아무 말 하지 않았고, 그들이 다니던 작은 교회는 얼마 후 문을 닫았다.

#

디트로이트 한 선술집에서 중년의 두 사내가 맥주를 마시고 있었다.

"이봐, 잭~그 얼마 전 '쟌' 사건 기억나지? 쟌이 어제 퇴원해 오늘부터 재활 운동해야 한대"

"다행이군. 영 불구 되는 줄 알았는데"

"그때 태풍으로 인해 비행기가 연착이 안 됐으면 우린 어떻게 될 뻔했었을까?"

"글쎄 쟌은 사고가 안 났을 테지만 언젠가는 발톱을 들어냈을 테고, 우린 죽었거나 다 잡혀 들어갈 수도 있었겠지…"

"그 일 생각하면 정말 소름이 다 끼치네."

"그 보다 그 'HS818' 신약 연구팀에서 정보를 빼냈던 연구원이 비행기를 타기 직전 자수해서 한국으로 돌아갔다는 정보를 나도 나중에서야 들었어."

"사실 그 바람에 우리가 산 것일 수도 있지."

"자 술이나 한잔하게"

"참! 그때 자네가 살려준 그 한국인 목사 참 황당했겠다…. 회개했을까?"

"글쎄 회개했는지 안 했는지는 모르겠지만 그 양심으로 목사직은 그만뒀겠지."

"그 돈이 위조지폐 라는걸 알았으면 얼마나 황당했을까?"

"이 사람 조용히 해! 누가 들을라…, 허기야 그 사람들이 그런 사실을 몰랐으니 산 거지 뭐."

"보스가 내린 명령은 하나였으니까 '위조지폐인 것을 알면 무조건 죽여라.'"

"사실 우린 목사가 그 돈을 빼돌리지만 않았다면, 그 사람들이 위조지폐인 것을 알았는지 확인할 수 없어 전부 죽일 수밖에 없었을 거야."

"그래 목사의 욕심이 결국 그들의 목숨을 살린 꼴이 되었으니…."

"참! 그러고 보면 그들이 믿는 신은 절묘해. 그렇게 그들을 용서하셨으니"

"용서는 하셨으되 얼마나 힘드셨을까…. 그런 일 있을 때마다 마음에 멍이 드셨을거야."

그런 생각이 들어서 인가, 창문 밖으로 보이는 성당의 십자가가 선술집에서 만들어 놓은 파란색의 형광등에 비쳐 파랗게 멍들어 있었다.

잭은 고개를 끄덕이며, 한국 친구 철권이의 미소를 떠올리며 보고 싶은 생각에 그와 같이 새긴 '의리'라 쓴 문신을 어루만졌다.

엽편 소설

이 화 윤

2020 《인간과문학》 소설 등단
인간과문학회 회원, 한국소설가협회 회원,
도봉 수필과창작 회원
y950305@naver.com

이화윤
쫓겨난 개구리

 여느 때와 다름없이 혼자만의 시간을 갖는 낮이다. 휴일의 바쁜 일상을 보내느라 몹시 지친 탓으로 한 주가 시작하는 월요일이 내게는 더없이 좋은 날이다. 텅 빈 거실 소파에 앉아 텔레비전의 리모컨을 이리저리 눌러대다 마음이 가는 채널에 고정했다.
 일상의 이슈를 들려주는 이야기의 타이틀은 '쫓겨난 개구리'다. 흥미가 느껴져 시청에 임했다. 낯익은 기자가 수도권에 위치한 어느 아파트의 사연을 소개했다.

 부용 천이 흐르는 주변의 아파트는 3000평이란 넓은 정원(?)을 지니고 있다. 이곳은 다름 아닌 시에서 주민들을 위해 조성한 공원이다. 주변으로 울타리를 만들어 꽃과 나무의 조경이 잘 돼 보였다. 아파트의 정문을 두고 후문으로 나서면 공원으로 이어졌기에 주민들에게는 마치 저택의 넓은 정원을 대하는 느낌이다. 해마다 나무들은 계절을 따라 봄이면 초록 잎으로 상큼함을 느끼게 하고 여름이면 무성한 푸른 잎이 한낮 더위의 그늘을 만들며 가을이면 울긋불긋 물든 잎들이 수줍게 맞이한다. 겨울이 오면 앙상한 나뭇가지로 찬 바람을 이겨내며 이듬해를 꿈꾼다.
 꽃들도 다를 바가 아니다. 봄을 시작으로 개나리와 진달래가 공원

가득히 피어나면 계절에 질 새라 앞다투어 화사한 벚꽃이 눈부시게 만개한다. 하양과 연분홍의 꽃잎이 눈처럼 휘날리면 아파트의 주민들은 봄의 정취에 흠뻑 젖는다. 감정의 여운이 가시기도 전에 탐스러운 하얀 목련이 우아한 미소로 반긴다. 봄의 대미를 철쭉이 장식할 즘, 흐드러지게 핀 아카시아 향기가 천 길을 따라 흩날렸다. 여름날의 이른 아침이면 울타리 빼곡히 검붉고 빨간 장미들의 향연이 한창이다. 엷은 꽃잎으로 이슬을 떠안고 힘든 기색 없는 도도한 자태가 눈부시게 아름답다. 가시를 감추고 있기에, 왠지 가까이하기엔 두려워 애처로움으로 다가왔다. 뜨거운 햇살과 긴 장마에 꽃들이 지쳐 서서히 시든 자리에 가을꽃들이 피면 앞선 녹색의 싱그러움은 그리움으로 내려앉는다. 흐르는 시간에 그것도 잠시, 마른 갈색 사이로 겨울이 스며들고 넓은 공원은 앞서간 계절의 흔적들을 하얗게 물들이는 설경이 펼쳐진다. 사계의 어느 것 하나 자연의 아름다움이 아닐 수 없다.

공원의 좋은 환경 영향으로 주민 모두가 따뜻한 정서와 행복을 얻으며 건강을 위해 산책과 운동 기구를 접하며 제각각 나름의 즐거움을 찾는 마음 정원이다. 이처럼 행복에 젖어 있던 주민들 사이로 누구에게서인지 들려오는 말들에 무언가 모를 변화가 오고 있다는 것을 감지했다. 어느 날, 예상한 대로 현실로 다가왔다. 동 전체의 게시판에 공고가 붙었다. 내용은 '생태 환경 보존. 자연학습 현장'으로 공원에 연못을 만든다는 글을 접했으나, 주민들은 시에서 관리하는 공원임에 계획에 반문을 제기할 이유가 없었다. 연못 속에 무엇이 있을 것인가. 은근한 기대와 동시에 아이들을 위한 바람직한 취지가 하루빨리 이루어지길 기다렸다. 그 후, 인부들이 소형 기구를 다루어 공원 주변을 돌아가며 땅을 파헤치고 길게 고랑을 만들어 갔다. 이른 아침부터 해지기 전까지 기계음은 요란하게 아파트 주변을 맴돌았다. 한 달 정도의 공사가 마침내 끝났다. 공원의 둘레를 구불구불 잇는 연못이 완성됐다. 며칠이 지나 대형물탱크 차를 이용해 연못에 물을 채웠다. 주민들이 베란다에서 아래를 내려다보면 아파트와 공원이 마주하는 가운데로 연못이 보였다. 폭이 넓어 주민들의 왕래에 불편을 들기 위해 간격을 두고 아치 모형의 다리를 만들어 놓았다. 호기심에 찬 눈빛으로 아이들과 어른들이 모여들어 아직은 생물이 없는 연못에 비친 제 모습들을 발견하고 즐거워했다.

그 후, 시간이 지나면서 제각기 바쁜 일상으로 연못은 아이들조차도 관심이 멀어져 가고 있을 즈음, 아침부터 날이 흐렸다. 낮이 되어 어디선가 들려오는 작은 소리가 있었다. 주민들은 외부에서 들려오고 있음을 알았다. 이유는 베란다로 가까이 다가서면 선명하게 들려왔기 때문이다. 방향을 따라 공원 주변 소리에 집중하다 연못에 시선이 닿았다. 궁금함을 참지 못한 몇 명의 주민들이 후문을 통해 공원으로 나왔다. 다리 아래 연못 속을 봤다. 물풀 사이에서 무언가 가득히 움직였다. 신기하여 가까이 다가갔다. 순간, "악!" 하고 모두가 경악하여 외마디를 냈다. 눈에 펼쳐진 그곳에는 많은 올챙이가 물풀과 돌멩이 사이로 꼬물거렸다. 그중 미완성의 개구리들도 보였다. 물속을 가르며 구불대는 물길을 따라 유유히 헤엄치며 가끔 물 밖으로 모습을 보이며 "개골! 개골!"이라며 인사라도 하듯 소리를 내뱉곤 했다. 개구리란 생물 자체에 거부감을 가지고 있는 주민들은 몹시 놀람과 걱정을 안고 뒤돌아섰다.

몇 해 동안 고운 꽃들과 무성했던 나무들로 행복을 얻었던 공원의 정겨움이 하나같이 사라졌다. 봄, 여름, 가을 내내 소음으로 걱정이 앞선 주민들에게 공해의 대상이다. 예상대로 시간이 갈수록 흐려지는 공간 사이로 개구리의 울음이 크게 들려왔고 다음 날이면 비가 내렸다. 질척이는 빗길에 화가 치밀었고 일기예보를 기상 청보다 잘 맞추는 울음소리가 얄미웠다. 주민들의 홀대 속에서도 이들의 성장은 빨랐다. 몇 주가 지나는 가운데 올챙이들의 형태가 변했고 미완성의 개구리들은 완전한 모습으로 제법 울음소리가 웅장하게 들렸다. 서서히 주민의 일상을 침해하는 공해로 느껴질 무렵, 연못은 완전히 개구리들의 터전이 된 것에 어른들은 아이들을 연못 근처에 얼씬 못하게 했다. 본래의 취지였던 생태 자연학습 현장은 양서류에 대한 어른들의 편견으로 호기심에 찬 아이들을 단호히 막아섰다. 끝날 줄 모르는 합창(?)은 더욱 요란히 아파트의 밤을 공포로 몰았다. 조금이라도 흐린 날이면 밤마다 큰 개구리들이 '웩! 웩! 웩!' 작은 개구리들이 '개골! 개골!' 하고 울어댔다. 물속과 뭍을 오가며 자신들의 영역을 넓혀가는 하찮은 미물들의 소음 공해에 생활의 전반을 빼앗겨 버린 주민들은 가만히 듣고만 있을 수 없었다. 마침내 각 동의 대표들이 모여 회의를 했다. 무기력한 표정들로 저마다 짜증 섞인 말투다.

"공원을 함께 공유하는 주민들에게 지저귀는 새소리와 풀벌레 소리도 요란하나, 그나마 계절을 알리는 소리로 참을 수 있지 않겠어요? 하지만 저 소리는…"

"맞아요! 저놈의 개구리 소리에 생태 학습이고 나발이고 참기 힘든 공해죠!"

"밤잠을 설친 날이면 하루하루 벌어먹는 가게를 쉬어야 하니…"

"원, 개구리가 웬만큼 울어대야지. 주민들이 아파트를 떠나게 생겼어!"

"우리가 주민의 동 대표인 만큼 우선 아파트 관리소에 주민들의 불편을 제기하는 것으로 만장일치를 봅시다!"

"그게 돼요? 되려 시에다 밉상 보여 우리 아파트만 왕따 되기 십상일 게요"

이처럼 하나의 목적에 감정들을 내보이는 불평으로 회의는 흐지부지 끝나 버렸다. 그새 어느덧 장마철이 다가왔다. 개구리들의 울음소리는 주민들의 뜻과 상관없이 밤낮으로 더욱 요란한 기성으로 아파트 동 사이를 파고들며 번지자, 다음 날 약속이나 한 듯 비가 내렸다. 쉬엄쉬엄 내리는 장맛비 속에서 지속으로 들려오는 이들의 웅장한 '오케스트라 합주?'는 주민들을 울분에 찬 공포로 몰아넣었다. 소통할 수 없는 생물에 의한 분노의 원성이 극에 달한 주민이 마침내 아파트 내 관리소를 찾았다.

"이곳에 무슨 일로?"

관리소장은 놀란 표정으로 바라봤다.

"공원 연못의 개구리 울음소리에 밤잠을 설쳐 주민들의 일상에 지장을 줍니다. 어떻게 좀 해 주셔야겠어요!"

"아, 좀 시끄럽긴 하죠! 한데… 내가 어떻게 할 수가 없네요."

"이 봐요! 소장님께서 주민의 불편을 그런 식으로 외면하다니, 말이 돼요?"

"외면하는 게 아니고 주변 어린이집과 초등학교의 어린이들을 위해 그 뭐, 라나… 자연환경으로 생태 학습에 뜻을 두고 시에서 만든 것 아니요!"

소장은 화난 표정으로 자신의 억울한 마음을 달래듯 언성을 높였다.
"아무튼 주민들의 시급한 민원이니, 참조해 주세요!"
아무런 소득 없이 돌아온 이후, 지루한 장마 속에서 소음으로 인한 공해와 싸우며 주민들은 나날을 보냈다. 몇 주가 지나고 긴 장마가 끝나자, 개구리의 울음도 멎었다. 구름 사이로 태양 빛이 강하게 쏟아지는 어느 날, 어디선가 '위~잉! 위~잉!' 요란한 기계음이 아파트 공간을 맴돌며 주변에 울려 퍼졌다. 조용한 한낮 요란한 굉음에 놀란 주민들이 하던 일을 놓고 베란다로 달려가 아래를 살폈다. 소리의 방향에 눈길이 멈췄을 때, 공원 연못의 물이 긴 호수를 통한 수조 탱크 안으로 담기고 있다. 가까이 다가서서 그 광경을 동의 대표가 지켜보고 있다. 아파트 주민들의 민원 제기로 빗발친 것에 시 내부의 공원 관리과에서 해결을 위해 나온 것이다. 공원을 가로질러 가려던 노인이 잠시 그 광경을 바라보다 틈을 열고 작업이 한창인 인부에게 말을 걸었다.
"뭘 하는 거요?"
"개구리가 시끄럽다는 아파트 주민들 민원에 연못의 물을 퍼냅니다!"
"생명을 지닌 개구리들은 어떡하고?"
"우리가 알 바 아니죠."
표정 없는 얼굴로 귀찮은 듯 답을 던지고 작업을 이어갔다. 물이 줄어들자, 연못의 놀란 큰 개구리들이 이리저리 풀 사이로 달아나고 작은 개구리들은 호수로 빨려들어 수조 탱크에 담겼는지 보이질 않았다. 보다 못한 노인이 굳어진 표정으로 탄식하듯 "허! 허! 인간들이 참 야박하구먼. 나약한 생물을 보호는 못 할망정 안식처를 파괴하다니…"라고 말했다. 동의 대표가 눈치를 살피다 나섰다.

"요란한 개구리의 울음에 민원이 빗발쳐서 하는 수없이 연못을 없애기로 했어요."

당연한 표정으로 말하자, 노인은 공원을 나서려다 발을 멈추고 엄숙히 말했다.

"미물들도 살아가는 제 습성이 있다오. 애초에 자연에 둘 것을 뭐하러 데려와 이 수난을 겪게 하누! 그렇다면 새소리 풀벌레 소리는 어떡하고? 공원의 나무를 모두 베어 버리던가. 꽃과 풀을 모조리 뽑아 치우던가. 자연에게 얻으려고만 하지 보호할 생각이 전혀 없는 어른들에게 아이들이 뭘 배우겠소! 참으로 안타깝구먼…"

동의 대표와 작업인을 향해 야단치듯 언성을 높인 노인은 잠시 후 뒷짐을 진 채 공원에서 멀어져 갔다. 한나절이 지나서 요란했던 작업 소리가 멎었다. 연못은 물을 뺏기고 말끔히 바닥을 드러냈다. 밤새 울어대던 크고 작은 개구리들은 물이 빠질 때 휩쓸려 물탱크 속으로 들어갔는지 아니면 이리저리 달아났는지 행방을 알 수 없다.

이제, 아파트의 주민들에게 예전과 같은 고요한 밤이 돌아왔다.

나는 주민들의 사연을 시청하다 '사라진 개구리들을 걱정하는 주민들이 과연 몇이나 될까?'라는 의문이 들었으나, 한 편으로 주민들이 겪어온 고초를 생각하자, 내가 소음으로부터 해방된 마음처럼 안도감에 홀가분했다. 주민들 모두가 같은 마음일 것이라 단정했다. 화면 속 기자가 주민들의 사연을 마치며 시청자들에게 무엇을 남겨주려는 것인가에 집중했다.

– 아무리 인간이 만물의 영장이라지만 신이 아닌 이상 태생적 습성을 어찌할 수 있겠는지요. 서로가 배려하며 함께 공유할 자연과의 운명이기에 조금만 기다리면 장마는 끝날 것이고 그렇게 되면 개구리들도 맑은 공기에 더는 밤새 울어야 할 필요가 없을 것인데 분명한 것은 자연과 더불어 살아야 할 우린데 인성이 이토록 각박해지고 있다는 까닭은 무엇에 침해된 정서일까요.

느림의 미학을 외면한 탓인지. 기다림의 배려가 결핍된 탓인지.

격변의 시대에 외줄 타듯 경쟁하는 사회 속에 낙오자란 불안이 우리의 정서를 사막화로 만들고 있지나 않은 것인지요. 그 가운데 잃어버린 공존의 퇴보로 인성이 더욱 삭막해진 탓이 아닐는지요.

취재 중 공원을 지나시며 잠시 발을 멈추고 하신 어르신의 말씀이 우리의 정서를 일깨워 주는 사연이었습니다. –

이유를 모르는 그들을 마구잡이로 쫓아낼 게 아니라, 생태의 습성을 이해하며 자연으로 보답하는 소중함을 돌이켜 볼 때, 기다림의 배려가 진정한 공존이 아닐까.

인간과문학학회 제9호 동인지

세상의 모든 리더(leader)는 리더(reader)다

초판 인쇄 | 2025년 1월 10일
초판 발행 | 2025년 1월 15일

지은이 | 유 광 종 외
펴낸이 | 서 정 환
펴낸곳 | 인간과문학사

주 소 | 서울특별시 종로구 삼일대로 30길 21. 종로오피스텔 809호
전 화 | 02)742-5875, 063)275-4000
등 록 | 제300-2013-10호
E-mail | human3885@naver.com   inmun2013@hanmail.net

값 15,000원

ISBN 979-11-6084-198-5 03810

Printed in KOREA